U0111374

武術特輯
39

陳式太極拳、劍
三十六式

闞桂香／編著

大展出版社有限公司

前　言

　　太極拳有多種流派，內容風格各具特色，技術套路及動作難度也各有差異。尤其是比較古老的陳式太極拳，每一個動作都是以螺旋式、抽絲式運動為核心的由內及外的圓弧運動，動作往復纏繞，圓轉曲折，剛柔、快慢、開合、蓄發等節奏變化尤為顯著，因而套路動作技術比較複雜，不易掌握，教學難點多。

　　過去傳統式的師徒傳授技術，手把手地教學都不易學好。現今群眾性的集體教學中，傳授好陳式太極拳就更為困難。

　　為了繼承發揚陳式風格的太極拳，把它普及到群眾中去，田秀臣老師和我共同在傳統拳架技術精華的基礎上，根據由簡到繁、由易到難的原則，融會「陳式太極拳大架第一路」的主要技術內容和動作結構，創編了「陳式三十六式太極拳」。在此基礎上，經由各種形式的教學實踐，特別是在安徽省及北京舉辦的「陳式簡化太極拳訓練班」的教學試點，在領導和學員們的熱情協助下，總結出這套陳式簡化太極拳教學法，並編寫成書，供讀者參考。

　　教學實踐證明，要教好學好陳式簡化太極拳套路，掌握好動作規格，突出該拳的技術風格特點，就必須從「基本功」開始，以「基本方法」為指導，

「基本動作」為核心，「分解教法」為手段。這樣逐步深入地進行，才能完成套路教學任務。

　　繼陳式太極拳的推廣普及之後，讀者要求介紹有陳式太極拳特式風格的器械套路，以豐富鍛鍊內容，進一步掌握陳式套路的精神實質。

　　傳統套路的陳式太極劍（五十八式）是陳發科先生之子陳照奎老師生前從河南溫縣陳家溝帶到北京來的，它是在陳式太極拳基礎上發展起來的，陳式太極拳的基本原理對它也同樣適用。

　　為了便於普及推廣，在傳統套路的基礎上，作者又創編了一套簡化套路。簡化套路又稱陳式三十六式太極劍，共分四段，在保持傳統套路的風格特色的前提下，結構嚴謹，布局合理，動作對稱而不重複，易學易記。

　　在創編簡化套路中，作者進一步融會仿用了陳式太極拳的功法原理，例如開始的「攔門劍」，結尾的「坐身勒馬」、「合劍勢」等動作，明顯地是分別從陳式太極拳中的「攬紮衣」、「當頭炮」、「金剛搗碓」等架式派生而來，使陳式風格更加突出。在簡化套路的各傳統動作名稱後面，附列了通俗易懂的動作名稱，有利於讀者記憶。

　　安徽科技出版社於1984年、1986年相繼出版發行了由我編著的《陳式簡化太極拳入門》及《陳式太極劍》。爾後在北京體育大學舉辦了「全國首屆陳式簡化太極拳、劍短訓班」及多屆國際培訓班。北京中國科學院武協、山東老年體協及江蘇高郵市武協等對該

拳、劍進行了積極的推廣，深受國內外學員及廣大愛好者的喜愛和好評。

為適應群眾性太極拳運動的廣泛開展，滿足學者的需求，便於教與學，現將《陳式簡化太極拳入門》及《陳式太極拳》中的「陳式簡化太極劍」部分合版為《陳式太極拳、劍——三十六式》一書出版。

應向讀者說明的是：安徽科技出版社 1984 年初出版的《陳式簡化太極拳入門》中示範圖形是按練習者自己從鏡中所見的圖形拍攝和繪製的，圖中人面向讀者，而左、右則正好與讀者相反，不同於一般武術圖書中的習慣做法。以後該書在香港出版海外版時，把圖全部反製，成為示範者（而不是練習者）面向讀者的圖形，以適應習慣做法，這次合版再印時即保持這種示範人面對讀者，胸朝北、背朝南的排印法。

《陳式三十六式太極劍》部分，在 1986 年初版時是按示範者背向讀者拍攝和繪製的，即與讀者同樣胸朝南、背朝北。因而本書中拳與劍插圖示範方向有差別，尚請讀者原諒。

山東省老年體協和北京中國科學院武術協會都是在群眾中堅持推廣陳式太極拳、劍多年，卓有成績的單位，他們寄來了在教練陳式太極拳、劍中的經驗體會值得大家參考，特在本書書後刊出。

闞桂香

目　錄

陳式三十六式太極劍

陳式三十六式太極拳

一、概　述

(一) 套路結構

　　陳式簡化太極拳是在陳發科先生傳授的陳式太極拳第一路基礎上簡化而成的。原套路共八十三個動作，四十五個拳式。簡化後僅三十六個動作，三十三個拳式，減少了重複的、運動特點不明顯的動作。

　　如：原套路中的「三換掌」動作，簡化後改為一次換掌，作為雙推手和肘底捶的銜接過程，不以定勢論。又如：原套路中不少發勁動作的形式雖有差異，但勁路相同；因而簡化後的套路僅只用了「掩手肱捶」這一具有代表性的發勁動作。

　　陳式簡化太極拳共分四段。第一段十動，由上肢運動為主的基本動作組成。第二段六動，以步法的轉換、上肢的伸展和捲放動作為主。第三段十動，安排了左右擦腳、蹬一根及披身捶、背折靠、青龍出水等動作，在運動難度、質量、

節奏等方面處於套路的高潮。第四段十動，在身體起伏轉折的同時又安排了雙震腳、竄跳及拍腳動作。運動速度快慢相間，富於韻律感。

在動作的編排中，還照顧到拳式的左右對稱，一些典型動作，如「單鞭」、「六封四閉」、「金剛搗碓」等，在右勢的基礎上增加了對稱的左勢，以使身體得到平衡、全面的發展。

整套動作的編排，注意了動作對稱、不重複；段落中心內容突出，由簡到繁，易學易記。

(二) 技術特點

在整個套路練習過程中，應注意以下特點：

動作纏繞，曲折連貫

每個動作都是以螺旋式、抽絲式的運動為核心的由內及外的圓弧運動。外形主要表現為：上肢在空間做不同大小、不同形式的圓弧運動，同時上肢自身還要做螺絲形的旋轉進退動作（如雲手，兩臂在體前交互向外繞圈的同時，本身還要做內、外旋的轉動）。上肢在做圓弧纏繞運動的同時，全身上下都在和諧地進行著或大或小、或明或暗的圓弧動作的配合。加之動作往復之間有「折疊」手法，所以使得動作更加圓活曲折。

在整套太極拳各動作之間的銜接處，不可有明顯的停頓。一些技術手法，如「續換」、「折疊」等，是一種勁力的頓挫變換和動作銜接方式，而不是動作的停頓、斷續。套路中有一些發勁動作，如「掩手肱捶」，在蓄發之後也不應

停頓，而應借發勁反彈之勢，鬆柔地銜接下一動作。

這樣剛柔相濟，快慢相間，充分地體現了這個拳種有節奏的連續運動的特徵，並不違背太極拳運動連綿不斷、節節貫穿的技術原則。

腰為主宰，以身帶臂

腰是上體和下肢轉動的關鍵，對全身動作的變化，對調整重心的穩定，以及對推動勁力達到肢體遠端，都起著主要作用。太極拳的內勁運轉，是通過腰脊來帶動的，腰力運用得當，可加強發力、提高發力速度。從用力順序來講，做上肢動作時，力要起於腰、行於肩、通於臂、達於手；做下肢動作時，腰催動胯、行於膝、達於腳，俗語說：「掌腕肘和肩，背腰胯膝腳，周身九節勁，節節腰中發。」

太極拳的虛實變換，關鍵在於腰側肌的收縮。左腰側肌收縮時，左腰側和左腿為實，右腰側和右腿為虛。反之亦同。

以身帶臂，在動作中的體現是：腰胯領先，帶動兩臂做極為纏綿曲折的進退、屈伸等各種圓弧運動。如在起勢動作中，身體向左前和右後來回擺動，帶動兩臂、兩手做由小到大的圓弧運動。然後接做「金剛搗碓」動作時，左腳向左前方擦出後，腰胯領先，使身體向前移動，帶動兩臂弧形運轉，向前做右虛步撩掌，而後完成「金剛搗碓」動作。寥寥幾動，處處都在體現腰為主宰的運動特點。

對稱協調，圓滿靈活

在演練陳式太極拳的全部過程中，都要具有「意欲向

上，必先寓下；意欲向左，必先右去；前去之中，必有後撐；對拉拔長，曲中求直」的動作意向。

這樣就可使身體不偏不倚，身形端正安舒、開中有合、合中有開。動作氣勢飽滿，周身體現出似展未展、欲發未發的一種潛轉的內含力。

由於重心的虛實、手法的「折疊」、步法的進退等柔和、協調的轉換，使得動作之間的銜接愈發顯得輕靈、圓活。

剛柔相濟，節奏鮮明

在動作的剛柔、速度的快慢、勁力的蓄發等矛盾的鮮明對比下，每個段落、每個動作中都會體現出較強的節奏感。如在「掩手肱捶」一動中，蓄勁時的柔緩捲收和出拳發力時的迅速展放所形成的節奏變化，正如俗語「蓄勁如張弓，發勁似射箭」所形容的那樣。

套路中的每個「動作組合」，也是由剛柔相濟、快慢相間的動作互相襯托構成的。如第三段中的「披身捶」、「背折靠」、「青龍出水」這一動作組合所形成的節奏對比就較為明顯。悠悠緩慢的「披身捶」與柔中寓剛的「背折靠」相接；再由輕靈柔和的過渡動作突轉快速發力的「青龍出水」。

動作清楚，擊法明確

陳式簡化太極拳每個動作的用法都比較明確，手、眼、身法、步、腿各部分在協調變化過程中，都具有攻防含義，所以只要在意念引導下，有的比較複雜的動作也容易掌握。

如在「右擦腳」動作中，含有捋、掤、撅、拿、穿肘、踢襠、擊面的連續擊法，這樣動皆有法，路線清晰，力點準確，意識引導，有的放矢，增加了練拳的興趣。

呼吸與動作配合自然

練拳要用腹式呼吸，要求深、長、細、勻、緩。初練時呼吸要順其自然，不要故意做作；當熟練時呼吸與動作應協調配合，但也是在自然呼吸的基礎上，順其動作的開合、虛實來進行的。

呼吸的一般規律是：蓄、收、起、屈為吸；發、放、落、伸為呼。如在做「掩手肱捶」的過程中，周身蓄勁時應吸氣，擊拳發放時應呼氣。

(三) 教與學

1.整個套路的教學分成三個階段

根據由易到難、由淺入深、循序漸進的原則，陳式簡化太極拳技術教學可分三個階段，也稱三步功夫。

第一階段 進行基本功、基本方法和基本動作的教學，使學員端正身體姿勢，具備和提高專項身體素質，掌握基本運動方法以及學會掌握好典型動作，為套路教學打好基礎。這是最主要的教學階段，也是入門確立該拳技術風格特點的階段。

第二階段 在第一階段的基礎上，進行完整套路動作口令指示分解教學，使學員學會套路動作，並且比較熟練地掌握套路動作，重點掌握套路動作的規格。根據套路結構內

容做到勢勢連貫，動作調協圓活。

　　第三階段　進一步鞏固和提高套路動作練習的技巧。在套路熟練的基礎上，不斷提高剛柔、虛實、快慢、蓄發等抑揚頓挫的節律感。著重「勁兒」的運用，做到意念、呼吸、動作協調配合，達到意、氣、力內外合一，使陳式風格的太極拳運動特點更加突出。

　　在這一階段要做到理論指導基礎練習（基本功、基本方法、基本動作）和套路動作練習為一體，才能達到「內氣潛轉趣意濃」的境界。

2.每個動作的教學分成四個步驟

　　陳式簡化太極拳由 36 個動作所組成，每個完整動作一般包含有一定的路線、方位、相對靜止的架式結構、發力特點、意識及抑揚頓挫等要素。

　　要使學員學會動作和套路，就必須通過一定的教學步驟，一步一步地掌握動作的完整性。

　　第一步　主要是明確動作的方向、路線。陳式太極拳每個動作都是以螺旋式、抽絲式運動為核心的由內及外的圓弧運動，動作路線多往復曲折，所以第一步的基本任務是：透過老師正確的慢示範和簡略的講解，使學員首先弄清和掌握動作的方向路線，曲折迂迴及來龍去脈，重點是解決上肢動作的運轉變化，對姿勢和下肢步型可做一般要求，不必太低太工整。

　　第二步　要掌握動作的姿勢、步型的準確和工整。這一步的主要任務是：使學員在已經弄清動作方位路線的基礎上，透過老師的示範領做和細緻講解，按規格要求進一步掌

握動作姿勢、步型的準確和工整，不僅是整個動作完成後的姿勢、步型的準確和工整，同時還要求在動作分解活動過程中身、手、眼、步變換部位的準確和工整。

第三步　要使動作連貫完整，使分解的動作連貫起來。這一步的任務是：使學員掌握動作的完整性。老師的示範、領做必須要正確、連貫完整，按正常速度進行。這一步不但要把分解的動作連貫起來完整地練，而且要「勁力」運用順達合理。

第四步　分析動作的勁力、節奏、精神、眼法等技巧。陳式簡化太極拳的技術動作具有剛柔、快慢、蓄發、抑揚頓挫等節奏變換顯著的特點。所以這一步的主要任務是：使學員了解陳式簡化太極拳每個動作各個環節的技術要求，以及在意念支配下呼吸與動作的協調配合。老師還要向學生分析動作的攻防含意，使學員逐步達到內外合一、神形兼備的要求。

以上四個教學步驟，一步一步地進行，但又不是截然分開，而是緊密連貫的。由於學生身體條件、理解能力各有差異，各步驟所需時間的長短也各不相同，教師要根據情況，採取不同措施，縮短各步驟的時間，使動作儘快達到神形兼備之目的。

3.實行口令、提示分解教學

陳式簡化太極拳動作結構複雜。完成一個動作，在運動過程中手、眼、身法、步的配合及方向路線的變化，曲折迂迴，如單鞭、攬紮衣等，因此完整教法是比較困難的。

為了更清楚了解動作細節，以達到更快更好地掌握完整

動作的目的，陳式簡化太極拳採用口令、提示分解教學，效果尤為突出。

動作分解的具體運用包括：①上、下肢的分解，如陳式太極拳中的「單鞭」，可先學上肢動作，再學下肢動作，然後上、下肢協調配合，形成完整動作。②將一個完整動作分成若干分動（小節）進行教學，在掌握了每個分動後，再連貫起來完整練習。

陳式簡化太極拳，每個動作按上述分解的原則，基本上每動分成四拍，但有的動作與動作之間連貫性很強，像「雲手」接「高探馬」，「上步七星」接「退步跨虎」，兩個動作連起來按八拍進行教學。

分解教學不宜將動作分解得過碎，應儘快地向完整動作過渡。分解教法和完整教法要有機地結合起來運用，一般可採用完整──分解──再完整教學的步驟來進行。

關於動作剛柔、快慢的節奏處理：剛與柔、快與慢都是矛盾的兩個方面。在陳式簡化太極拳動作中，矛盾的雙方對比、襯托很鮮明，特點很突出。

處理剛柔、快慢的原則是：①凡是發勁動作應剛、應快，發力後緊接就要柔、要慢；②凡折疊、纏繞手法變換應稍快；③凡身體方向變換時應稍快。

二、基本功

基本功是掌握及提高該拳技術的基礎訓練、端正基本姿勢、提高專項素質、內外兼練的根本環節。陳式簡化太極拳以「無極椿」、「擦步」和「轉換步」作為基本功練習內容。

(一) 無極椿

【預備式】

(1) 併腳直立	(2) 開步站立

兩腳併攏，身體自然直立（胸朝南）。兩手輕貼在兩腿外側。目前平視，呼吸自然。

左腳慢慢提起，向左開步。

【起 勢】

(1) 兩臂前舉

左腳落實，兩腳距離同肩寬，腳尖向前，重心落於兩腿之間。目前平視，呼吸自然。

兩臂向前向上慢慢抬起與胸同高，掌心均向下，指尖向前。目視前方。

【收　勢】

(2) 兩臂圓抱　　　　　　　　(1) 直立按掌

　　屈膝微蹲，上體正直，
同時兩臂外旋撐圓，掌心向
內成抱球狀，兩手食指尖相
距 10 公分。目視兩手之
間，呼吸自然。這樣每次可
練 3～5 分鐘。

　　兩手臂內旋，掌心翻向
下成兩臂前平舉，隨兩腿伸
直按落於體側。指尖朝下，
目視前方。

【要點】兩臂圓抱時要虛領頂勁，頭正豎頸，下頦微收，
口齒輕閉，舌尖自然舐上腭，鼻呼吸。沉肩墜肘，含胸拔
背，鬆肩虛腋，神態自然，意導氣沉丹田。

(2) 併步站立

　　左腳慢提起，向右腳併　　　　　左腳落實，身體自然併
攏。目視前方。　　　　　　　步直立。目視前方。

(二) 擦 步

【預備式】　　　　　　　　【起 勢】

(1) 屈膝提腳

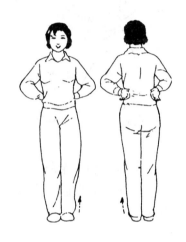 

兩腳併攏自然站立（胸朝南）。兩手背（外勞宮穴）輕貼兩腰側（腎俞穴），掌心向後上方，手指自然展開。目視前方。

身體重心移至右腿並屈膝下蹲。同時左腳提起於右踝內側，腳尖翹起，離地面約 10 公分。目視前方。

- -

【要點】

①從動作 (1)～(7) 可以反覆多次練習。

②保持身體正直。

③提步時吸氣，擦步時呼氣。

(2) 屈膝擦步　　　　　　(3) 重心左移

　　右腿繼續屈膝下蹲，左
腳尖翹起，以腳跟內側輕貼
地面向左擦步至右腳約三腳
距離，腳尖朝前上。目視前
方。

　　左腳內扣，全腳著地，
重心緩緩移至左腿。目視前
方。

(4) 收腳提步

右腳前掌內側輕貼地面
慢慢收提至左踝內側，腳尖
翹起，離地面約 10 公分。

(5) 屈膝擦步 　　　　(6) 重心右移

同 (2)，唯左右相反。

同 (3)，唯左右相反。　　　同 (4)，唯左右相反。

【收　勢】

（1）屈膝收腳　　　　　　　（2）併步站立

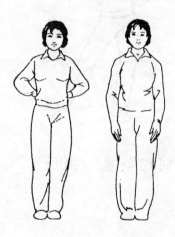

一腳收回與另一腳併　　　　　兩手落於體側，成併步
攏。目視前方。　　　　　　　自然直立。目視前方。

(三) 轉換步

【預備式】

(1) 併腳直立	(2) 疊手貼腹

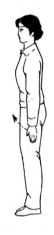

面向西，兩腳併攏站立。目視前（西）方。

兩臂微屈，兩手重疊輕貼於小腹（下丹田），掌心均朝內（男右手在外，女左手在外）。目視前方。

【要點】

①上體保持正直，氣沉下丹田。

②左腳向後撤步時，腳尖要內扣。

③弧形擦步時，前半弧為吸氣，後半弧為呼氣。

【起 勢】

(1) 屈膝提腳　　　　　　(2) 撤步後移

身體重心移至右腳，右
腿屈膝微蹲，左腳提起。目
視前方。

左腳向左後撤半步，左
腳前掌先著地。

身體重心後移，左腳全
掌踏實。目視前方。

重心繼續後移至左腳，
右腳全掌輕貼地面（經左腳
內側）向右後方弧形擦動約
二腳距離。兩腳全腳掌踏
實，兩腿屈膝半蹲，重心略
偏於左腿，成左偏馬步。

（屈蹲的正面姿勢）　　　同（2）。

【收　勢】

(5) 屈蹲擦步　　　　　　(1) 屈膝收腳

同 (3)，唯左右相反。　　　後腳收回與前腳併攏。
目視前方。

兩手落於體側，成併步
自然站立。目視前方。

三、基本方法

(一) 手型、手法

1. 手型

(1)拳：四指併攏，捲屈握攏，拇指扣壓在食指和中指的第二關節上（圖3-1）。拳包括拳心、拳背和拳面。

圖3-1 拳

(2)掌（瓦壟掌）：手指自然伸直，拇指與小指根微內合，食指外張。掌有立掌、仰掌、俯掌和橫掌之分。

①立掌：坐腕，指尖朝上（圖3-2）。

②仰掌：手心朝上或斜朝上（圖3-3）。

③俯掌：手心朝下（圖3-4）。

④橫掌：俯掌，小指側朝外（圖3-5）。

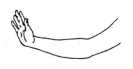

圖3-2 立掌

圖3-3 仰掌

圖 3-4　俯掌　　　　　　　圖 3-5　橫掌

(3)勾手：拇指和食指尖捏攏，虎口呈圓形，屈腕，餘指自然屈攏（圖 3-6）。

2. 手法

(1)內旋：掌心向小指側方向翻轉。

(2)外旋：掌心向拇指側方向翻轉。

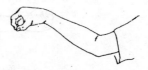

圖 3-6　勾手

(3)纏繞：手臂自轉的同時在空間弧形運轉。

(4)折疊：當前、後兩動的運行路線形成往復時，就要在往復路線的銜接處加折疊，即在前一動運勁到盡頭時，先回折一小段距離，再弧形連接下一動，使之呈曲線形和緩地連接起來。折疊動作本身就是

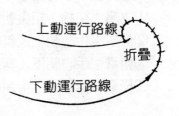

圖 3-7　動作銜接處的折疊

「意欲向上，必先寓下；意欲向左，必先右去」這一太極拳顯著特點的具體體現（圖 3-7）。

舉例：「披身捶」接「背折靠」時，右拳向左運行到盡

頭，手腕輕輕向上鬆提，隨即向左、向下沉腕，就會自然圓活地過渡到「背折靠」的開始動作。這一鬆提、沉腕的做法，即為「折疊」。

(5)**續換**：在動作運行到一定位置，勁路稍有頓挫時，就要在頓挫之後使「勁兒」鬆沉，動作沿原方向延長運行路線，自然緩和地連接下一動作。這種頓挫之後鬆沉、延長運行路線的做法，即為「續換」（圖3-8）。

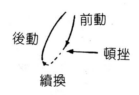

圖 3-8　勁路的續換

(二) 眼　法

眼是傳神之窗，是內在意識的表露。意識貫注於動作之中，外在的體現便是手眼相隨。眼法的一般規律是：目光平視，看進攻的手或主攻的方位。忌偏頭斜視，瞪目圓睜。神態應自然，具體做法是：

(1)在動作運行過程中，眼神隨著主要進攻的手（較前方的手）運行（即眼隨手轉）。目光宜靈活有神，眼要自然睜開，威而不猛，表現出沉著、機敏、嚴肅的神態。

(2)手位於面前的動作定勢時，眼神自食指或中指尖端向前延展及遠。

(3)凡是兩手上下、左右展開的亮勢動作（如白鶴亮翅），目光要平視遠望，有待機而動的神態。

(三) 身型、身法

陳式太極拳對身型的要求是含胸拔背，尾閭中正，腰部

鬆沉直豎，不偏不倚；沉肩墜肘，開胯圓襠。身法有提抽、回轉、開合等各種方式的變換。

(1)**提抽**：是指左、右腰側肌的上、下相對運動，向上為「提」，向下為「抽」。兩側腰肌的提抽，形成了腰兩側虛實的變換。右側腰肌上提時，左側腰肌下抽，此刻腰部即為右側虛、左側實。

由於「提抽」形成的腰部兩側的虛實轉化，同時也帶動著兩胯、兩腿的虛實變換，因而提抽運動成了左右全身虛實的關鍵。如練「獸頭勢」時，運用的就是「提抽」身法。

(2)**回轉**：以腰脊為軸，上體左右旋轉即為「回轉」，如在「雲手」動作過程中的身法變換就是「回轉」。

(3)**開合**：開為伸展、放大，合是收斂、縮小。身法的開合，從外形來講，「開」主要是指胸廓隨上肢的伸放而舒展。「合」主要是指胸廓隨上肢的縮收而含斂。兩臂和胸廓的開合是協調一致的。如「倒捲肱」的兩臂左右展開時，身法即為「開」；兩臂屈肘捲收時，身法即為「合」。

（四）步型、步法

1. 步型

(1)**偏馬步**：兩腳平行開立，相距約三腳半寬，兩腿屈膝下蹲，大腿稍高於水平；沉胯斂臀；上體正直；重心偏右為「右偏馬步」（圖3-9），重心偏左為「左偏馬步」。

(2)**半馬步**：兩腳平行開

圖3-9　右偏馬步圖

立，一腳腳尖外展，兩腿略蹲，上體轉向腳尖外展的方向，重心偏於後腿，左腳尖外展成左半馬步（圖3-10）。

圖3-10　左半馬步

(3)弓 步：兩腳前後站立，前腿屈膝，大腿高於水平，膝尖不得超過腳尖；後腿微屈，兩腳尖斜向前方，重心偏於前腿（圖3-11）。

(4)虛 步：兩腿均屈膝，兩腳跟之間的縱向、橫向距離均為5公分左右，前腳踏實支撐體重，後腳全腳掌虛著地面（圖3-12）。

圖3-11　弓步

圖3-12　虛步

2. 步法

(1)提 步：一腳支撐身體重心，另一腳迅速屈膝抬起、著地。

(2)擦 步：一腿支撐重心，屈膝下蹲；另一腿由屈到伸，以腳跟內側著地、輕貼地面滑動（圖3-13）。

(3)**跟步**：後腿屈膝，腳尖外擺，全腳掌擦著地面向前腳跟靠近。

(4)**轉換步**：在步法進退的重心轉換過程中，前一步與後一步之間要呈曲線形緩和地連接。這種弧形進退的步法即為「轉換步」。如

圖 3-13　擦步

「倒捲肱」動作中，兩腳的連續後退採用的就是弧形轉換步。

(五) 基本方法的練習

基本方法是構成基本動作的要素。基本方法的練習是掌握該拳動作技術的根本途徑，是學拳的入門嚮導。教學實踐說明，學拳如不從基本方法入手，比葫蘆畫瓢，囫圇吞棗，該拳的風格特點就不突出。故在學習套路動作之前，首先要進行基本方法練習。

陳式太極拳上肢運動的方法和路線是纏繞而曲折多變的，其實質是纏絲勁。纏絲勁表現在：上肢的旋腕轉膀；下肢的旋踝轉腿；軀幹的旋腰轉脊。在太極拳的「一動無有不動」的要求下，三者的關係應是起於腿、主宰於腰而形於手指。在教學套路動作之前，首先要進行上肢的基本方法練習。

1. 預備式

(1) 併腳直立	(2) 併步站立

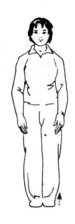 

胸朝南，兩腳併攏站立。目視前方。

身體重心慢慢移到右腿。左腿屈膝，左腳腳跟、腳尖依次離地慢慢提起向左開步，腳尖、腳跟依次著地，全腳踏實。兩腳相距同肩寬，重心移　於兩腳之間。目前平視。

- -

【要點】頭要正直，頂虛虛領起，下頦微收，口輕閉，舌微抵上腭，兩肩放鬆下沉，身體放鬆，上體端正，兩腿自然開立。呼吸自然，意存丹田。

2. 外旋、內旋練習

【預備式】　　　　　　　【起　勢】

(1) 左臂外旋

　　兩臂屈肘上提，兩手收於腰間，掌心均向下，兩掌拇指側輕貼腰部，掌指均向前。目前平視。

　　上體微右轉，左臂外旋向左前方伸出，肘尖下垂，臂微屈，左掌同胸高，小指側翻向上，指尖朝左前。目視左掌。此為左臂外旋練習。

- -

【要　點】

　　①左臂外旋要以身帶臂，左臂應隨腰部右轉緩慢向左前方旋轉伸出。外旋伸臂時手節領先，肘節相隨，肩要鬆沉催勁。左掌小指側向內裹勁上翻。同時目隨手視，動作協調一致。

(2) 左臂內旋　　　　　(3) 右臂外旋

　　上體微左轉（胸朝南），左臂內旋回收，左掌收於左腰側，掌心向下，拇指側輕貼腰部，掌指尖朝前。目隨手視。此為左臂內旋練習。

　　同（1），唯左右相反。

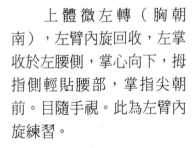

　　②左臂內旋要以身帶臂，左臂要隨上體左轉緩緩內旋回收。回收時要鬆肩屈肘，以肘帶手，拇指側向內裹勁下翻。目隨手視，但勿低頭。

(4) 右臂內旋　　　　(5) 左臂外旋

同 (2)，唯左右相反。

上體微右轉，左小臂外旋向左前方伸出，肘尖下垂，臂微屈，左掌同胸高，小指側翻向上，指尖朝左前。目視左掌。

【練習步驟】以上左臂外旋、內旋及右臂外旋、內旋的練習方法，在敎學或練習時可採取三個步驟：①一臂單獨反覆作外旋、內旋練習，如動作(1)、(2)；②左右兩臂交替輪作外旋、內旋的重複練習，如動作(1)、(2)、(3)、(4)；③一臂外旋伸出，另一臂內旋回收，兩者交替反覆練習，如動作(5)、(6)。

(6) 內外旋臂	(1) 轉體收掌

上體微左轉，左小臂內旋回收，左掌收於左腰側，掌心向下，拇指側輕貼左腰部，掌指尖朝前。左臂內旋回收時，右臂外旋，向右前方伸出，肘尖下垂，臂微屈，右掌同胸高，小指側翻向上，指尖朝前。目視右掌。

上體微右轉（胸朝南），右小臂內旋回收，右掌收於右腰側，掌心向下，拇指側輕貼右腰部，掌指尖朝前。目隨手視，但勿低頭。

【預備式】

(2) 落手開立

兩臂慢慢伸直下垂，兩手下落輕貼於兩腿外側，兩腿自然開立。目前平視。

兩腳開立，兩臂外旋屈肘上提，兩小指側輕貼腰部，掌心均朝上。目前平視。

【起 勢】

(1) 轉體穿掌

(2) 旋臂翻掌

上體右轉（胸朝西南），隨身體的轉動，右臂外旋，左掌經腹前向西穿出，臂微屈，左掌同腰高，左掌心斜向上。目視左掌。

上動不停，左臂內旋，左掌心翻向下。目視左掌。

【要 點】

①動作(1)至(5)為左橫掌練習；(6)至(10)為右橫掌練習。這兩套練習可以交替反覆進行，一般按四八拍練習為宜。

②以身帶臂，上肢動作要圓活連貫。

③精神和勁力要貫徹始終，不要鬆懈，呼吸要自然。

(3) 轉體拉掌　　　　　　(4) 旋臂立掌

上體左轉（胸朝南）。同時左掌向上向左經面前畫弧拉橫掌至身體左前方，同肩高，掌心斜向下。目視左掌。

上動不停，左臂微外旋，坐腕成立掌，掌指同肩高，手心朝左前方。目視左掌。

(5) 左臂回收　　　　(6) 轉體穿掌

上動不停、左臂外旋回收，左掌心翻向上，小指側輕貼腰部，掌指朝前。目視左掌。

同 (1)，唯左右相反。

(7) 旋臂翻掌　　　　(8) 轉體拉掌

同 (2)，唯左右相反。　　同 (3)，唯左右相反。

(9) 旋臂立掌　　　　　(10) 右臂回收

同 (4)，唯左右相反。　　　同 (5)，唯左右相反。

【收 勢】

(1) 落手開立　　　　　　(2) 併步站立

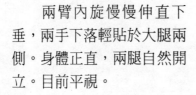

　　兩臂內旋慢慢伸直下垂，兩手下落輕貼於大腿兩側。身體正直，兩腿自然開立。目前平視。

　　身體重心慢慢移至右腿，左腳提起向右腿併攏，成併腳自然站立。目前平視。

四、基本動作

（陳式簡化太極拳八勢）

　　基本動作是從套路動作中提煉出來的最有風格特點的典型動作（不等於最簡單的動作）。這些典型動作是整個技術套路動作的核心，要經常反覆練習，動作左右對稱，才能突出該拳的風格特點，提高技術水平。

　　從陳式簡化太極拳套路動作中提煉出來的這八個基本動作，稱為「陳式簡化太極拳八勢」，這八勢是：

1. 捲肱
2. 雲手
3. 掩手肱捶
4. 野馬分鬃
5. 金雞獨立
6. 拍（擦）腳
7. 攬紮衣
8. 單鞭

　　陳式簡化太極拳八勢，應按二八呼練習。一八呼時的動作，下面有圖和文字解說。二八呼時的動作，與第一八呼相同，唯方向相反，圖及文字解說一律從略。

【預備式】

(1) 併腳直立　　　　　　(2) 開步站立

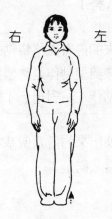

右　　　左

兩腳併攏，自然站立。

　　重心移於右腳，左腳向左橫開半步。重心移至兩腳之間成兩腳平行開立。目向前平視。

1. 捲　肱

　　(1) 兩臂前舉　　　　　　　　(2) 屈膝橫掌

　　兩臂慢慢提起至與胸等高，與肩同寬。掌心朝下，指尖向前。目前平視，這時緩緩吸氣。

　　兩腿屈膝微蹲，上體微左轉，同時左手向下向後畫弧至左胯旁，臂微屈，掌心朝下，掌指朝右前方。右掌向右前橫推，臂微屈同胸高，掌心朝前下方，指尖朝左前方。目視右掌，這時呼氣。

(3) 旋臂翻掌　　　　(4) 轉體橫掌

　　上體繼續左轉，同時左
手繼續向後向左前上方畫弧
外旋，掌心翻向上，掌指朝
左前方。右掌繼續向前上畫
弧外旋，掌心翻向上至身體
右前方，臂微屈同肩高，指
尖斜向上。目視左掌，這時
吸氣。

　　上體右轉 90°，同時左
臂屈肘，左掌內旋經左耳下
向前橫推至身體左前方，臂
微屈同胸高，掌心朝前下
方，掌指朝右上方。右手內
旋向下向後畫弧至右胯旁，
臂微屈，掌心向下掌指向
前。目視左掌，此為左捲肱
定式。這時呼氣。

(5) 旋臂翻掌　　　　(6) 轉體橫掌

上體繼續右轉，同時右手繼續向後向右前上方畫弧外旋，掌心翻向上至身體右前方，臂微屈同肩高，掌指朝右前方。左掌繼續向前上方畫弧外旋，掌心翻向上，至身體左前方，臂微屈同肩高，指尖斜向上。目視右掌，這時吸氣。

上體右轉 90°，同時右臂屈肘，右掌內旋經右耳下向前橫推至身體右前方，臂微屈同胸高，掌心朝前下方，掌指朝左上方。左手內旋向下向後畫弧至左胯旁，臂微屈，掌心向下，掌指朝右前方。目視左掌。此為右捲肱定式。這時呼氣。

(7) 兩臂前舉　　　　　　(8) 直立按掌

　　上體微右轉（胸朝南）；同時左臂向前向上畫弧成兩臂胸前平舉，兩臂微屈同肩寬，掌心均向下，掌指朝前。目視前方，這時呼氣。

　　兩腿慢慢伸直；同時兩掌緩緩下按落至兩腿外側，成開步自然站立。目前平視，這時呼氣。

(9) 兩臂前舉

同 (1)。

(10) 屈膝橫掌

同 (2)，唯左右相反。

(11) 旋臂翻掌

同 (3)，唯左右相反。

(12) 轉體橫掌

同 (4)，唯左右相反。

(13) 旋臂翻掌　　　(14) 轉體橫掌

同 (5)，唯左右相反。　　同 (6)，唯左右相反。

(15) 兩臂前舉　　　(16) 直立按掌

同 (7)。　　　　　同 (8)。

2. 雲 手

(1) 兩臂前舉 　　　　　　(2) 旋臂推掌

　　兩臂慢慢提起至胸等高，與肩同寬。掌心朝下，指尖朝前。這時緩緩吸氣。

　　兩腿屈膝微蹲，身體微左轉，重心微左移；同時兩臂微屈，左下臂內旋，右下臂外旋，兩掌向左推出，左掌在上至左胸前，右掌在下至左腰高，相距約 15 公分，掌心均向左，指尖朝前。目視左掌，這時呼氣。

(3) 右雲手　　　　　(4) 左雲手

上體微右轉，重心微右移。同時右掌內旋向上經胸前向右畫弧至身體右前方，指尖同肩高，臂微屈，掌心朝外。左掌外旋掌心朝右，經腹前向右畫弧至右手下方約 20 公分處，臂微屈，掌心向右，指尖朝前。目視右掌。此為右雲手定式。這時呼氣。

上體微左轉，重心微左移。同時左掌內旋向上經胸前向左畫弧至身體左前方，指尖同肩高，臂微屈，掌心朝外。右掌外旋掌心朝左，經腹前向左畫弧至左手下方約 20 公分處，臂微屈，掌心朝左，指尖向前。目視左掌，此為右雲手定式。這時呼氣。

（5）右雲手　　　　　　　　　（6）左雲手

同（3）。　　　　　　　　　　　同（4）。

(7) 兩臂前舉　　　　　(8) 直立按掌

　　身體微右轉（胸朝南），右掌內旋向右向下畫弧，左掌外旋，兩臂成胸前平舉。臂微屈同肩寬，掌心均朝下，指尖向前。目視前方，這時吸氣。

　　兩腿慢慢伸直，同時兩手緩緩下按落至兩腿外側，成開步自然站立。目前平視，這時呼氣。

(9) 兩臂前舉　　　(10) 旋臂推掌

同 (1)。　　　　　同 (2)，唯方向相反。

(11) 左雲手　　　(12) 右雲手

同 (3)，唯方向相反。　　同 (4)，唯方向相反。

(13) 左雲手	(14) 右雲手

同 (5)，唯方向相反。	同 (6)，唯方向相反。
(15) 兩臂前舉	(16) 直立按掌

同 (7)。	同 (8)。

3. 掩手肱捶

(1) 兩臂前舉　　　　　　(2) 屈膝按掌

　　兩臂慢慢提起至與胸等
高，與肩同寬。掌心朝下，
指尖朝前。這時緩緩吸氣。

　　兩腿屈膝微蹲，兩手緩
緩下落至腹前，掌心向下，
指尖朝前。目視前下方，這
時呼氣。

(3) 擦步分掌　　　　(4) 馬步合臂

重心移至右腳，左腳向左擦出一步成右偏馬步；同時兩掌向左右、向上畫弧分掌與胸高。

兩臂外旋內合。左掌心翻向上，拇、食兩指伸直，餘指屈攏，成表示「八」的手勢，臂微屈，肘下垂，掌同胸高，指尖朝左前方。右臂外旋，同時右掌變拳屈肘立於左胸前，拳心朝右後方。目視左掌，這時吸氣。

(5) 馬步擊拳　　　　　(6) 轉體分掌

上體微左轉，重心微左移，成左偏馬步。同時左掌內旋迅速收至左腹前，手型不變，掌心緊貼左腹。右拳沿左下臂上方內旋，向左前方擊出。目視右拳。此為右掩手肱捶定式。這時呼氣。

上體微右轉，重心微左移，成左偏馬步。同時右拳變掌，兩掌同時向下、向左右、向上分掌。

兩手外旋內合。右掌心翻向上，拇、食二指自然伸直；餘指屈攏，成表示「八」的手勢，臂微屈，肘下垂，掌同胸高，指尖朝右前方。左臂外旋，同時左掌變拳屈肘立於右胸前，拳心朝左後方。目視右掌，這時吸氣。

同 (5)，唯左右相反。此為左掩手肱捶定式。

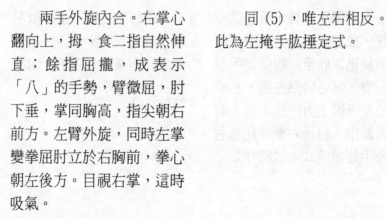

(9) 兩臂前舉　　　　(10) 直立按掌

上體微左轉（胸朝南），重心移至左腿，右腳內扣，兩腳平行開立，與肩同寬。兩腿微屈，上體正直。同時左拳變掌，右手向前向上畫弧，兩臂成胸前平舉，與肩同寬，掌心均朝下，指尖向前。目前平視，這時吸氣。

兩腿慢慢伸直，同時兩掌緩緩下按至兩腿外側，成開步自然站立。目前平視，這時呼氣。

(11) 兩臂前舉　　(12) 屈膝按掌

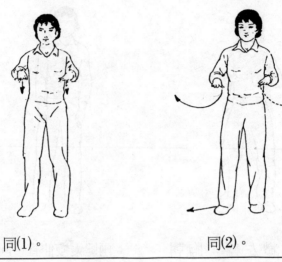

同(1)。　　　　　　同(2)。

(13) 擦步分掌　　(14) 馬步合臂

同 (3)，唯左右相反。　　同 (4)，唯左右相反。

(15) 馬步擊拳

同 (5)，唯左右相反。

(16) 轉體分掌

同 (6)，唯左右相反。

(17) 馬步合臂

同 (7)，唯左右相反。

(18) 馬步擊拳

同 (8)，唯左右相反。

(19) 兩臂前舉　　　　　　(20) 直立按掌

同 (9)。　　　　　　　　同 (10)。

4. 野馬分鬃

(1) 兩臂前舉

(2) 屈膝按掌

兩臂慢慢提起至與胸等高，與肩同寬。掌心朝下，指尖朝前。這時緩緩吸氣。

兩腿屈膝微蹲，兩手緩緩下落至腹前，掌心朝下，指尖向前。目視前下方，這時呼氣。

(3) 轉體撩掌　　(4) 提膝托掌

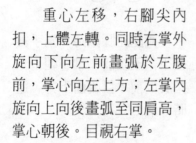

重心左移，右腳尖內扣，上體左轉。同時右掌外旋向下向左前畫弧於左腹前，掌心向左上方；左掌內旋向上向後畫弧至同肩高，掌心朝後。目視右掌。

重心移至右腿，右腿屈膝提起，腳尖自然下垂。同時右掌內旋，繼續向上向右經胸前畫弧於右胸前，至同右肩高，掌心朝前，指尖向左。左掌繼續向上向後向下畫弧於左胯側，掌心向上，指尖朝左前方。目視左掌，這時呼氣。

(5)馬步穿掌　　　　　(6)轉體撩掌

　　右腿屈膝下蹲，左腳向左落地擦出一步，成左偏馬步。同時左掌向左前方微外旋穿出，左臂屈肘，左掌同胸高，小指側翻向上，指尖向左前方。右臂微屈，右掌心朝外，指尖向左前方。目視左掌方向。此為野馬分鬃左式。這時呼氣。

　　重心右移，左腳尖內扣，上體右轉。同時左掌外旋向右前畫弧撩於右腹前，掌心向上方；右掌內旋向上向後畫弧同肩高，掌心朝後。目視左掌。

(7) 提膝托掌　　　　(8) 馬步穿掌

重心移至左腿，右腿屈膝提起，腳尖自然下垂。同時左掌內旋，繼續向上向左經胸前畫弧於身體左側，同左肩高，掌心朝外，指尖向右前方。右掌繼續向上向後向下畫弧托於右膝外，掌心向上，指尖朝右前方。目視右掌，這時吸氣。

左腿微屈下蹲，右腳向右前落地擦出一步，成右偏馬步。同時右掌向右前方微外旋穿出，右臂屈肘，右掌同胸高，小指側翻向上，指尖向右前方。左臂微屈內旋，右掌心朝外，指尖向右前上方。目視右掌方向。此為野馬分鬃右式。這時呼氣。

(9) 兩臂前舉　　　　　(10) 直立按掌

上體微左轉，右腳尖內扣，重心移至右腳，左腳回收成屈膝開立。同時左手外旋，右手內旋，隨身體微左轉兩手同時畫弧回至胸前平舉，兩掌心翻向下。目前平視，這時吸氣。

兩腳慢慢伸直，同時兩掌緩緩下按落至兩腿外側，成開步自然站立。目前平視，這時呼氣。

(11) 兩臂前舉　　　　　　(12) 屈膝按掌

 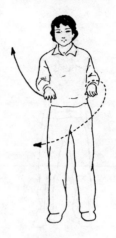

同 (1)。　　　　　　　　同 (2)。

(13) 轉體撩掌　　　　　　(14) 提膝托掌

同 (3)，唯左右相反。　　　同 (4)，唯左右相反。

（15）馬步穿掌

同（5），唯左右相反。

（16）轉體撩掌

同（6），唯左右相反。

（17）提膝托掌

同（7），唯左右相反。

（18）馬步穿掌

同（8），唯左右相反。

(19) 兩臂前舉　　　　　　(20) 直立按掌

同 (9)。　　　　　　　　同 (10)。

5.金雞獨立

(1)兩臂前舉　　　　　(2)屈膝按掌

兩臂慢慢提起至與胸等高，與肩同寬。掌心朝下，指尖向前。這時緩緩吸氣。

兩腿同膝微蹲，兩手緩緩下按落至腹前，掌心朝下，指尖向前。目視前方，這時呼氣。

(3) 收腳收掌　　　　　(4) 提膝穿掌

　　重心移至右腳。左腳跟提起，腳前掌擦地收至右腳內側約 5 公分處。同時左掌向左向下向右畫弧外旋收至左胯旁，掌心向上，指尖向前。右掌向左向下畫弧至左腹前，掌心向下，指尖向左。目視右掌，這時吸氣。

　　左腿屈膝提起，腳尖自然下垂，同時左掌外旋向上經面前內旋向上穿出，掌心向左，指尖朝上。右掌向下向右畫弧至右胯旁，掌心向下，指尖朝前。目視前方。此為金雞獨立右式。這時呼氣。

(5)震腳按掌　　　　(6)擦步推掌

　　右腿微蹲，左腿下落震腳。同時左掌下落與右掌同時在左腹前揚按。目視左掌，這時短吸呼氣。

　　重心移至右腳，左腳向左擦出一步。同時兩掌繼續向右向上向左經腹前畫弧推於右前方，同腰高，目視右掌。

(7) 收腳收掌　　　　(8) 提膝穿掌

重心移至左腳。右腳跟提起，腳前掌擦地收至左腳內側約5公分處。同時右掌繼續向右向下向左畫弧並外旋至右胯旁，掌心向上，指尖朝前。左掌向右向下繼續畫弧至右腹前，掌心向下，指尖朝右。目視右掌，這時吸氣。

右腿屈膝提起，腳尖自然下垂。同時右掌外旋向上經面側內旋向上伸出，掌心向右，指尖朝上。左掌向下向左畫弧至左胯旁，掌心向下，指尖朝前。目視前方。此為金雞獨立左式。這時呼氣。

(9) 兩臂前舉　　　　　(10) 直立按掌

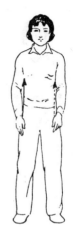

　　右腳下落成屈膝開立。
右手下按，左手向上畫弧，
成兩臂前平舉，與肩同寬，
掌心向下，指尖朝前。目前
平視，這時吸氣。

　　兩腿慢慢伸直，同時兩
掌緩緩下按落至兩腿外側，
成開步自然站立。目前平
視，這時吸氣。

(11) 兩臂前舉　　　　(12) 屈膝按掌

同 (1) 。　　　　　　同 (2) 。

(13) 收腳收掌　　　　(14) 提膝穿掌

同 (3) ，唯左右相反。　　同 (4) ，唯左右相反。

（15）震腳按掌

（16）擦步推掌

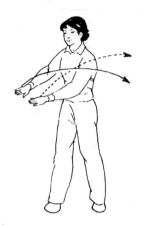

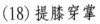

同（5），唯左右相反。

同（6），唯左右相反。

（17）收腳收掌

（18）提膝穿掌

同（7），唯左右相反。

同（8），唯左右相反。

(19) 前臂前舉　　　　　(20) 直立按掌

同 (9)，唯左右相反。　　　同 (10)。

6.拍（擦）腳

（1）兩臂前舉

（2）屈膝按掌

兩臂慢慢提起至同胸高、同肩寬，掌心朝下，指尖向前。這時緩緩吸氣。

兩腿屈膝微蹲，兩手緩緩下按落至腹前，掌心朝下，指尖向前。目視前方，這時吸氣。

(3) 擦步分掌　　　　(4) 弓步合臂

　　兩腿微屈，重心移至右腿，左腳左擦出一步。同時兩掌向下向後向上分別在左右畫弧至同胸高。目視右掌，這時吸氣。

　　上體左轉，重心移向左腿成左弓步。同時左掌外旋，掌心朝右，指尖向前上方。右掌外旋向左向下畫弧合至左掌下約 20 公分處，掌心朝左後，指尖向左前。目視左掌，這時呼氣。

(5) 屈肘疊臂　　　　## (6) 舉掌拍腳

兩臂內旋屈肘，兩下臂裡外相疊，右臂在裡，掌心均向下。目視左掌，這時吸氣。

重心全部移至左腳，右腳提起，向右前上方踢出。同時左掌向下向後向左向上畫弧平舉與肩同高，臂微屈，掌心斜向下，指尖朝右上方。右掌向上向右經胸前畫弧向下擊拍右腳面。目視右掌。此為右拍腳定式。這時呼氣。

(7) 落腳立掌　　　　　　(8) 弓步合臂

左腿屈膝，身體下降。左腳向右後下落擦步，上體微轉。右臂微屈，右掌立於右胸前，指尖同肩高。目視右掌，這時呼氣。

重心右移成右弓步。同時右掌向下向後向上向左外旋畫弧至右胸前，掌心朝左，指尖向前上方。左掌外旋向下向右畫弧至右掌下約20公分處，掌心朝右後，指尖向右前方。目視右掌，這時呼氣。

(9)屈肘疊臂　　　　(10)舉掌拍腳

同(5)，唯左右相反。　　同(6)，唯左右相反。

(11) 兩臂前舉　　　　　(12) 直立按掌

　　左腳向左後方下落並踏實，身體微左轉，左腳尖內扣，重心移至兩腿之間，兩腿微屈。同時兩臂胸前成平舉，兩掌心朝下，提尖向前。目視前方，這時呼氣。

　　兩腿慢慢伸直，同時兩掌緩緩下按落至兩腿外側，成開步自然站立。目前平視，這時呼氣。

(13) 兩臂前舉　　　(14) 屈膝按掌

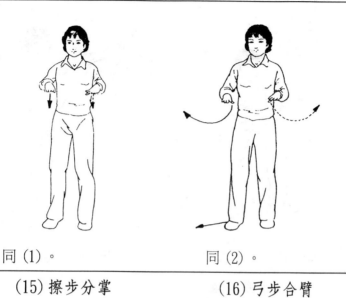

同 (1)。　　　　　同 (2)。

(15) 擦步分掌　　　(16) 弓步合臂

同 (3)，唯左右相反。　　同 (4)，唯左右相反。

(17) 屈肘疊臂

同 (5)，唯左右相反。

(18) 舉掌拍腳

同 (6)，唯左右相反。

(19) 落腳立掌

同 (7)，唯左右相反。

(20) 弓步合臂

同 (8)，唯左右相反。

(21) 屈肘疊臂　　　　　(22) 舉掌拍腳

同 (9)，唯左右相反。　　　同(10)，唯左右相反。

(23) 兩臂前舉　　　　　(24) 直立按掌

同 (11)。　　　　　　　同 (12)。

7. 攬紮衣

(1) 提膝握拳　　　　　　　　(2) 震腳砸拳

重心移至右腿，左腿屈膝提起。同時左掌握拳提於上腹前，拳心向上。右掌向左畫弧於腹前，掌心翻向上，指尖朝左。這時吸氣。

左腳落地下震，兩腿微屈（重心仍偏右腿）。同時左拳背落砸右掌心。目視前下方，這時呼氣。

(3) 轉體翻掌

上體向右向左回轉。同時右掌托左拳向右向上向左畫弧至右胸前。

隨之左拳變掌，兩掌內旋，兩掌心翻向外，左掌指向上，右掌指向左，目視兩掌，這時呼氣。

(4) 屈膝分掌　　　　　　(5) 擦步合臂

重心移至左腳，兩腿屈膝下蹲。同時右掌向下按落至腹前，指尖向左上方。左掌橫於胸前，指尖朝右上方。目視右掌。

重心移至右腿，左腿抬起向左側擦出一步成右橫弓步。同時右手向右向上向左外旋畫弧至胸前，掌心向左，指尖朝前上。左手向上經胸前向左向下向右外旋畫弧合於右手下 20 公分處，掌心朝右，指尖向前。目視右掌，這時呼氣。

(6) 馬步翻掌　　　　　(7) 馬步立掌

上體微右轉，左腿屈膝沉胯成右偏馬步。同時右掌外旋，掌心翻向上，指尖朝左上方。左掌內旋，掌心翻向外，掌指朝右下方。目視左掌。

上體微左轉，重心緩緩左移成左偏馬步。同時右掌向下向右畫弧落至腹前，掌心朝上，指尖向左，小指側輕貼腹部。左掌向上向右經胸前橫掌畫弧至身體左前方，坐腕成立掌，指尖同肩高，掌心向左。目視左掌。此為攬紮衣左式。這時短吸呼氣。

（8）提膝握拳　　　　　　（9）震腳砸拳

同（1），唯左右相反。　　　同（2），唯左右相反。

（10）轉體翻掌

同（3），唯左右相反。

(11) 屈膝分掌　　　　　(12) 擦步合臂

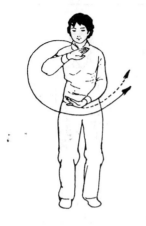 

同 (4)，唯左右相反。　　同 (5)，唯左右相反。

(13) 馬步翻掌　　　　　(14) 馬步立掌

同 (6)，唯左右相反。　　同 (7)，唯左右相反，
　　　　　　　　　　　　此為攬紮衣左式。

（15）兩臂前舉　　　　　（16）直立按掌

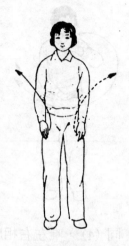

　　重心移至右腿，左腳抬起收成屈膝開立。右掌向左畫弧，左掌向上向前畫弧內旋成兩臂胸前平舉，兩臂微屈，掌心均向下，指尖朝前。目視兩掌，這時吸氣。

　　兩腿慢慢伸直，兩掌緩緩下按落至兩腿外側。目前平視，這時呼氣。

8. 單　鞭

(1) 屈膝分掌　　　　　　　(2) 馬步托掌

　　兩腿微屈，重心移至左腿，上體微左轉。同時兩臂向上屈肘外旋，分掌同肩高，掌心向上，指尖朝左、右側。目視左掌，這時吸氣。

　　兩腿微屈，右腳抬起向右側方擦出一步，重心右移成右偏馬步。同時兩掌分別向左右向後畫弧托至兩耳側，掌心均向上，指尖朝後。目視右前方，這時呼氣。

（3）虛步按掌　　　　（4）轉體推掌

左腳前掌擦地收至右腳成右虛步，兩腳相距約 10 公分，右腳尖朝右前方，左腳尖朝左前方，兩腳約成 90°角，兩腿微屈，左膝外展。同時兩掌下按向右前方經腹前至右胯前約 20 公分處，兩臂微屈，肘下墜，兩掌心斜相對。目前兩掌，這時短吸呼氣。

上體微左轉，右掌向左前方橫掌推出，掌心向下，指尖朝左。左掌外旋內收於左腹前，掌心向上，指尖朝前。目視右掌，這時吸氣。

(5) 翻掌出勾　　　　(6) 屈膝擦步

上體微右轉，同時右掌外旋，掌心翻向上。內收於腹前，小指側輕貼腹部。左掌變勾經右掌上方向左上出勾，同腰高，勾尖朝左後方。目視右手，這時呼氣。

兩腿屈膝下蹲，右腳抬起向左擦出一步。目視右腳，這時吸氣。

右腳尖內扣，全腳掌著地，接著重心右移，左腳尖內扣。目視左勾手，這時呼氣。

身體重心左移，同時右掌向左肘下穿出。

隨之右掌內旋，掌心翻向左前方。

重心緩緩右移，成右偏馬步。右掌經胸前隨重心的右移向右拉橫掌擊出，坐腕垂肘成立掌，掌心朝右前方，指尖同肩高。左肘下垂，左勾手勾尖向下。目視右掌。此為右單鞭定式。

(10) 馬步托掌

同 (2)，唯左右相反。

(11) 虛步按掌

同 (3)，唯左右相反。

(12) 轉體推掌

同 (4)，唯左右相反。

(13) 翻掌出勾

同 (5)，唯左右相反。

（14）屈膝擦步

同（6），唯左右相反。

（15）左移扣腳

同（7），唯左右相反。

（16）右移穿掌

同（8），唯左右相反。

【收　勢】

(17) 馬步拉掌

(1) 兩臂前舉

同 (9)，唯左右相反，此為左單鞭定式。

重心移至左腳，右腳抬起回收，成屈膝開立。同時右手變掌，兩掌向前向左右畫弧在胸前平舉，兩臂微屈，掌心向下，指尖朝前。目視前方，這時吸氣。

(2) 直立按掌　　　　　　(3) 併步站立

　　兩腿慢慢伸直，兩掌緩
緩下按落至兩腿外側成開步
自然站立。目向前平視，這
時呼氣。

　　左腳向右腳併攏成併腳
自然站立。目向前平視，自
然呼吸。

五、三十六式拳動作圖解

圖解説明

1.為了表達清楚，文字、插圖對動作進行了分解說明。但在練拳時，應力求銜接得連貫，緊湊。

2.在文字說明中，除特殊註明外，不論先寫或後寫身體某一部位的動作，演練時各運動部位都要同時協調活動，不要先後割裂。

3.為了方便讀者查對拳勢的方向，插圖方位定為：面向為南，背向為北，左面為東、右面為西。方向轉變以人體胸部為準。

4.圖中的動態線，是表明這一動作到下一動作的路線和部位。左手、左腳為虛線（‑‑‑‑‑‑►），右手、右腳為實線（───►）。個別動作的線條因受角度、方向限制，可能不夠詳盡，應以文字說明為準。

5.某些背向、側向動作沒有附圖，以文字說明為主。

【預備式】（胸朝南）

併腳直立　　　　　　　　開步站立

（1）身體自然直立，兩腳併攏。頭頸正直，下頦內收，胸腹放鬆，肩臂鬆垂，兩手輕貼在大腿外側。精神集中，眼向前平視，呼吸自然。

（2）左腳緩緩提起，向左開步，兩腳距離與肩同寬，腳尖向前，重心落於兩腿之間。

- -

【要　點】兩腿屈膝下蹲時，上體要正直，縮胯，斂臀。

【擊　法】對方右拳猛力向我擊來，我順勢右手黏其手腕，左手黏其肘部向右後捋去，使對方應勢前傾，失去重心。

1.起　勢（胸朝西南）

兩手左前掤

　　（1）身體重心移於左腳前掌；同時兩臂向左、向前畫弧，兩腕背側微凸，掌心朝內，手指自然下垂，兩手離身體約 20 公分。目視左前方。

兩手右後挒　　　　　兩手左上掤

　　(2) 上動不停，身體重心移於右腳跟；同時兩臂向右、微向後畫弧至右腹前，兩手塌腕，掌心向下，指尖朝左前方。目視前方。

　　(3) 上動不停，身體重心再移於左腳前掌；兩手向左、向前、向上畫弧至胸高，與肩同寬，兩臂微屈，掌心朝後下方，指尖朝左前下方。目視左手所指方向。

（4）上動不停，兩腿屈膝微蹲，重心偏於左腿，上體微右轉；同時左臂外旋、右臂內旋，兩臂微屈，肘自然下垂，兩手成橫掌，掌心朝外，指尖朝左前方。目視左掌方向。

（5）上動不停，右腳以腳跟為軸，腳尖轉向西南方，上體繼續右轉（胸朝西）；同時兩掌向右畫弧至胸前，兩臂之間距離同肩寬，掌心朝外，指尖朝左前方。目視左手方向。

2. 右金剛搗碓（胸朝南）

擦步推掌

　　（1）身體重心全部移至右腿並繼續屈膝下蹲，隨之左腿稍提，左腳腳跟內側貼地向左前方（偏東南）擦出，同時兩手向右前方推出。目視左手。

- -

【要　點】

　　①右拳落於左掌心，與右震腳要協調一致，勁要整，引氣下沉。

　　②不論是提膝、身體重心上升，或震腳、身體重心下降時，上體均保持正直，勿偏斜。

(2)上動不停，重心逐漸移於左腿，左腳踏實（腳尖稍偏東南），隨之上體左轉，胸朝西南；同時兩掌向下、向左畫弧，左掌至體前同腹高，掌心朝前下，指尖朝右前方。右掌落於右胯側，掌心朝前下，指尖朝右。目視左手方向。

(3)上動不停、上體繼續左轉（胸朝南），重心繼續移至左腿，隨之右腳掌擦地向前上步，全腳掌虛著地面，右腿微屈。同時右手向前撩地右胯前，掌心朝前上方；右掌外旋，向上、向內、向下畫弧，橫掌置於右前臂上，掌心朝後上方。目視右掌。

【擊法】對方右拳向我左脅擊來，我左臂掤擋其右前臂，右掌擦其襠部，接著順勢變拳向上衝擊其下頦。

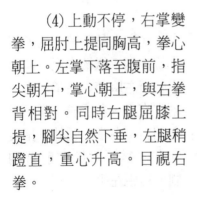

（4）上動不停，右掌變拳，屈肘上提同胸高，拳心朝上。左掌下落至腹前，指尖朝右，掌心朝上，與右拳背相對。同時右腿屈膝上提，腳尖自然下垂，左腿稍蹬直，重心升高。目視右拳。

（5）上動不停，左腿屈膝稍蹲，隨之右腳全腳掌踏地，兩腳平行，相距約 20 公分，重心在左腿。同時右拳落於左掌心內，拳心朝上。目視右拳。

3. 攬紮衣

轉腰托拳	內旋分掌

(1) 身體重心稍移於右腿，上體微左轉；同時左掌托右拳移於左腰前，目視右拳。

(2) 上動不停，兩前臂內旋，兩手繼續向上、向右畫弧至右胸前，右拳變掌，兩掌交叉，左手成立掌，掌心朝右；右掌心朝外，指尖向左，掌根附於左前臂內側。目視左手。

- -

【要 點】

①在整個攬紮衣動作過程中，身法的交換是向左、向右的兩個「回轉」，同時以腰轉帶兩臂左右纏繞。

②攬紮衣定勢時，上體正直，氣下沉，下體要開胯、圓襠、合膝，與上肢鬆肩、垂肘、坐腕要協調一致。

（3）上動不停，兩腿屈膝下蹲，右手向上、向右畫弧，指尖稍高於肩，掌心朝外。左手向下、向左、向上畫弧，掌心朝外，指尖同肩高。目視右手方向。

（4）上動不停，重心移至左腿，右腳抬起。同時右手繼續向下、向左畫弧於左腹前，掌心朝左，指尖朝前；左手繼續向右屈肘內合，掌心朝右，指尖朝左前上方。目視右手。

【擊法】對方左拳向我胸部打來，我含胸左轉避開，左手抓握其手腕，上步近身，順勢可用肩靠肘頂，手撲面部。

（5）上動不停，右腳向右下落，腳跟內側貼地向右前方「擦步」，兩腳相距約三腳半。同時上體微左轉（胸朝東南），右手繼續向左畫弧，掌心朝左，指尖朝前；左掌繼續向左畫弧，在胸前與右掌向內合勁，掌心朝右，指尖朝前上方。目視右手。

（6）上動不停，重心移向右腿。同時右前臂內旋，屈肘成橫掌，掌心朝前下。左掌外旋，掌心朝上，掌背附於右上臂內側。目視右掌方向。

4. 白鶴亮翅（胸朝東）
扣腳下捋

（7）上動不停，重心繼續移向右腿，隨之上體右轉（胸朝前），成右偏馬步。同時右掌向上、向右畫弧至右前上方，前臂外旋，坐腕成立掌，指尖同肩高，掌心朝右前方。左掌下落於腹前，掌心朝上。指尖朝右。目視右掌。

（1）身體重心逐漸移於左腿，右腳尖內扣，隨之上體左轉（胸朝東南）。同時左掌內旋，掌心朝下，兩掌向下、向左畫弧於體前，左手同胸高，右手同腹高，兩手成橫掌，掌心朝外，指尖朝右前方。目視左掌方向。

(2)上動不停，重心逐漸移於右腿，左腳尖外擺（朝東），上體右轉（胸朝西南）。同時左掌外旋，右掌內旋，兩掌心朝外，指尖朝左，兩掌同時向左、向上、向右畫弧，左掌至左胸前同肩高，右掌至右肩前方，稍高於肩。目視左前方。

（3）上動不停，重心逐漸移於左腿，上體左轉並前移。同時左臂內旋，右臂外旋，兩掌向右、向下畫弧，左手於胸前，右手於右胯側，掌心朝下，指尖朝右。目視左掌。

（4）上動不停，上體左轉（胸朝東），左腿微蹬直，右腳前掌擦地跟步至左腳內側，前腳掌虛點地面外旋，向左、向上畫弧於胸前，掌心朝右，指尖朝前上方。右掌向左畫弧於腹前，掌心朝左，指尖朝前。目視左掌。

（5）上動不停，左腿屈膝，重心稍下降，上體微左轉，右腳向右前方上一步，右掌向左、向下畫弧，同時前臂內旋，掌心朝下，隨之左掌向右合至右胸前，掌心朝右，指尖朝上，兩掌向內合勁。目視左前下方。

【要點】在分解動作 (5) 中，兩掌在體前向內合勁，要有頓挫力，同分解動作 (6) 的左掌向左、向下畫弧運行，形成一個完整的「續換」的手法。

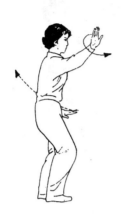 

（6）上動不停，重心移於右腿，膝微屈，左腳前腳掌擦地前跟成左虛步，上體微右轉（胸朝東）。同時左掌向下、向左落至左胯前側，掌心朝下、指尖朝前；右掌經左臂外側向右、向上畫弧至右前上方，約與頭同高，掌心朝右前方，指尖向上。目視前方。

（1）上體微左轉，同時右掌向下畫弧，掌心朝前下方，指尖朝前上方。左掌向後、向左畫弧，左前臂外旋，掌心朝左前方，指尖朝左後方。目視右掌。

【擊法】對方右拳向我腹部打來，我右手黏其手腕，左手黏其肘，用左右合勁搋其臂並向下沉採。如對方向後撤勁，我趁勢上步近身用右臂向右上方的捌勁，將對方摔出。

（2）上動不停，身體右轉（胸朝南），隨之右腳以腳跟為軸稍向外擺，重心全部移至右腿，左腿提起。同時右掌隨身體右轉向下、向右、向上畫弧於身體右側，掌同肩高，掌心朝後下方，指尖朝前下。左手由左向上、向前、向右畫弧於左肩前，掌心朝前上方，指尖朝左。目視左手。

（3）上動不停，左腳腳跟內側貼地向左側擦出，隨即左腳踏實，上體微右轉，重心偏於右腿。同時左掌繼續向右、向下畫弧至右胸前，掌心朝右前方，指尖朝左上方。右掌繼續向上稍向左畫弧至右前上方，稍高於肩，掌心朝右前方，指尖朝左前方。目視左掌。

（4）上動不停，重心移向左腿，上體微左轉；同時左掌心朝下，屈臂置於胸前，隨之右臂外旋，屈臂垂肘，肘尖同胸高，掌心朝左，指尖朝上。目視右掌。

（5）上動不停，重心繼續移向左腿，上體左轉（胸朝東）。左掌隨之向左畫弧於左胸前成橫掌，右掌向左、向前畫弧，掌心朝左，指尖朝上，與眉同高。目視右掌。

（6）上動不停，上體微左轉，右膝內扣，同時左掌變勾。右腕放鬆，掌外旋，拇指側向上，掌根上提前凸，指尖向下鬆垂，掌心朝右前方。目視右掌。

（7）上動不停，上體微右轉，同時右掌內旋，沉腕成橫掌，掌心朝下，同胸高。目視右掌。

【要 點】

①在分解動作(6)中，右掌外旋，拇指側向上，掌根上提前凸，與分解動作(7)中的右掌內旋、沉腕接下動，形成了一個欲下先上、欲右先左的「折疊」手法。

②在分解動作(9)中，在完成斜行拗步定勢時，沉肩、垂肘、鬆腰、沉胯，周身一致，形成一個完整的內合勁。

(8)上動不停,上體繼續右轉,右膝外展、開胯,重心稍右移,同時右掌隨上體右轉向右畫弧平移於右前方,掌同胸高。目視右掌。

(9)上動不停,上體微左轉,右膝微屈,重心移於左腿成弓步。同時兩臂肘尖下沉,右手外旋、坐腕成立掌,掌心朝前。目視右掌。

【擊法】對方右手向我胸部擊來,我右手黏其手臂向右、向下沉採,順勢左腳向對方身後上步,管著對方兩腳,近身用左肩臂靠打,同時右掌擊其面部。

6. 提　收

轉腰撐掌　　　　　　　　　　**扣腳合臂**

（1）上體微左轉，右腿扣膝合胯，同時左勾手變掌，兩掌內旋，同肩高，掌心朝外。目視左掌。

（2）上動不停，重心移向右腿，左腳尖內扣，上體微右轉。同時左掌外旋，向右畫弧合於左胸前，掌心朝右，指尖朝前。右掌外旋向下、向左畫弧合於左前臂內側下方，同腹高，掌心朝左，指尖朝前。目視左掌。

- -

【要點】在分解動作（1）中，上肢要圓臂外撐。在分解動作（2）中，兩掌向內合勁，要有頓挫力。分解動作（3）中，兩掌外旋回收，要有纏裹勁。分解動作（4）中，兩掌向前下伸展，要有搨按勁。

（3）上動不停，身體重心繼續移至右腿，右膝微蹬直。左腳前腳掌擦地後收，停在右腳左前方 30 公分處，前腳掌虛點地面，左膝微屈，同時兩掌外旋，掌心朝上，收至腹前。左掌在前，右掌在左前臂內側，距腹約 10 公分。目視左掌。

（4）上動不停，身體重心右移，右腿蹬起。左腿屈膝上提同腹高，腳尖自然下垂。同時兩掌內旋向前下伸展，左掌在左膝前上方，掌心朝下，指尖朝前；右掌伸於左膝內側。目視左掌。

【擊法】對方右手向我胸部打來，我順勢右手黏住其手腕，左手黏住其右肘向內合力撅其臂。當對方撤勁時，我趁勢提膝頂撞其襠部，兩掌搧按其胸部，將對方擊出。

7.前　蹚

擦步下捋

（1）右腿屈膝，重心下降。隨之左腳腳跟內側著地向左前方擦出，上體微右轉。同時兩掌向下、向右畫弧，右掌於右胯前、左掌於左胯前。目視右掌。

（2）上動不停，左腳踏實，上體繼續右轉，兩掌繼續向右、向上畫弧，右手同肩高，左手同胸前，　兩掌心均朝下。目視右掌。

（3）上動不停，上體微左轉，同時左臂屈肘橫於胸前，掌心朝右後方，指尖朝右前方。右臂屈肘立掌，小指側朝前，掌根附於左腕內側，掌心朝左。目視右掌。

（4）上動不停，身體繼續左轉，重心移至左腿；同時兩腕相搭，隨身體左轉向前擠出，同胸高。目視右掌。

【要點】在分解動作(6)中，形成前蹚定勢時，沉胯斂臀、沉肩垂肘與兩掌的坐腕要協調一致，要有鬆沉勁。

（5）上動不停，右腳經左腳內側向右前方上步；同時兩掌內旋，掌心朝下。目視右手。

（6）上動不停，重心稍移於右腿成右偏馬步；同時兩臂分別向上、向左右分開成立掌，位於身體的斜前方，指尖同鼻高。目視手掌。

【擊法】對方右拳向我胸部打來，我順勢用右手黏握對方手臂，向身體右側捋化，然後用兩手臂擠打對方胸部。若對方撤步，我即上步近身，頂肘、撲面。

8. 掩手肱捶
震腳栽捶

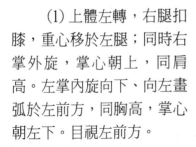

（1）上體左轉，右腿扣膝，重心移於左腿；同時右掌外旋，掌心朝上，同肩高。左掌內旋向下、向左畫弧於左前方，同胸高，掌心朝左下。目視左前方。

（2）上動不停，身體迅速右轉，隨之右腿收胯提膝；同時右掌由小指開始，依次屈指握拳，經右胸前由上向下屈臂下栽至腹前，拳面朝下，拳眼朝內。左掌向上、向右、向下畫弧附於右前臂內側，指尖朝右上方。目視右拳。

【要點】

①在分解動作（1）、（2）中，上體向左、向右轉動是「回轉」的身法，動作要連貫。然後右手握拳下栽速度要快。

（3）上動不停，右腿屈膝向地面踩踏震腳；同時左腳提起，腳內側貼地向左擦出踏實成馬步。目視右拳方向。

②在分解動作（5）中，合膝鬆腰沉胯、含胸拔背、兩肘內裹，形成周身完整的合勁。

③在分解動作（6）中，形成掩肘肱捶定勢時，右腿扣膝、合胯轉腰，將周身的蓄勁通過肩臂迅速發於拳面。右拳發出與左手回收要協調一致。另外在力達右拳面後，要迅速制動，表現出脆快的冷彈勁。正如拳論所說：「蓄勁如張弓，發勁如放箭」，「曲中求直」，「蓄而後發」，體現了剛柔相濟、快慢相兼的技術特點。

（4）上動不停，兩腿繼續下蹲，同時右拳左掌由腹前向下、向左右分開，位於兩膝前上方。目視右拳。

- -

【擊法】對方右拳向我胸部打來，我左臂內旋掩肘，壓著對方的右臂，順勢右拳衝擊對方胸部。

（5）上動不停，兩腳以前腳掌為軸，腳跟稍向右撐轉，上體左轉（胸朝東南），重心稍移於左腿，同時兩手繼續經兩側向上畫弧並外旋，左臂微屈至左肩前方，掌心朝上，左手拇指和食指伸直，餘指屈。右臂屈肘，右拳收於左胸前，拳心朝右上方，拳眼朝前。目視左手方向。

（6）上動不停，右腳蹬地合胯，上體左轉（胸朝東），重心迅速移向左腿。同時右拳內旋沿左前臂上方向前方擊出，拳同胸高，拳心朝下。左手內旋收於腹前左側，手心輕貼腹部（手型不變）。目視右拳。

9. 雙推手

轉腰下捋	轉身掤臂

（1）上體微左轉，同時右拳變掌，向下、向左畫弧落於小腹前，掌心朝下。左手貼身稍向下、向左運行。目視右掌。

（2）上動不停，上體右轉（胸朝東南），同時右拳繼續向左、向上畫弧，隨後屈臂，掌心轉朝內。左掌繼續向上畫弧提腕，掌心朝內，在腹前左手背與右手腕內側相疊，兩手同時向右前上方掤出，同胸高。目視兩手。

- -

【要點】在分解動作（4）中，上右步與兩掌上托要協調一致，在兩掌上托將至胸高時，要突然頓挫，然後屈臂收於胸前，這是「續換」的手法。

（3）上動不停，重心稍下降，同時右前臂內旋，向右前上方伸臂直腕，掌心朝前下方，指尖朝右上方，同眉高。左前臂外旋，掌心朝後上，掌背貼於右前臂上，指尖朝右上方。目視右掌方向。

（4）上動不停，左腳尖外撇，上體左轉（胸朝東北），重心移至左腿，右腳前腳掌擦地經左腳內側向東南方上步，全腳掌虛著地面。同時兩掌隨身體左轉向下、向左、向上托起，右掌位於身體右前方，掌同肩高，掌心朝上，指尖朝右前方。左掌屈腕外旋，小指側上裹，掌心朝後上方。目視右掌。

（5）上動不停，兩腿屈膝，身體重心下降，右腳向右前方進半步，重心偏於左腿。同時兩臂屈肘內旋，兩掌收於胸前，掌心斜相對，小指側朝前下方。目視前方。

（6）上動不停，上體微右轉（胸朝東），身體重心移至右腿，左腳前腳掌擦地前跟至右腳後側，全腳虛著地面。同時兩掌向前推出成立掌，掌心斜相對，同胸高。目視前方。

【擊法】對方左手向我胸部打來，我順勢左手黏其腕，右手托其肘，反撅其肘關節。當對方向後撤勁時，我上步近身，雙手推擊對方胸部。

10. 肘底捶

轉腰錯掌	轉腰磨掌

（1）上體微右轉，重心移於左腿，同時右手收至腰前成仰掌，指尖朝左下方。左掌向前下方推按成俯掌，指尖朝右前方。目視左掌方向。

（2）上動不停，上體左轉，重心移於右腿，同時右掌內旋成橫掌，經左前臂上方向左、向前畫弧推出，同胸高。左掌外旋，掌心朝上，向右、向後、向左畫弧收於腹前，目視右掌。

【要 點】在分解動作（4）完成肘底捶定勢時，兩手內合與屈膝、收胯斂臀、含胸拔背、沉肩垂肘要協調一致，形成一個完整的合勁。

（3）上動不停，上體微右轉，同時右掌繼續微向前、向上、向右畫弧，掌稍高於眉，掌心朝外，指尖朝左前方。左掌繼續向左、向下畫弧於左胯前，掌心朝上，指尖朝右。目視右掌。

（4）上動不停，身體重心稍下降，同時左掌繼續向左、向上、向右畫弧於體前成立掌，掌心朝右，指尖稍高於眉，臂微屈，肘尖下垂。右掌繼續向右、向下、向左畫弧，由掌變拳至左肘下，拳眼朝上，同腹高。目視左掌。

【擊法】對方右拳向我胸部擊來，我用左臂向右格開其臂，用右拳從左肘下暗擊其肋部或胸窩。

11. 倒捲肱

| 提步穿掌 | 馬步分掌 |

（1）身體重心移至右腿並縮胯、屈膝下蹲，隨之左腳提起，同時右拳外旋變掌向上穿出，掌背輕貼於左上臂內側，掌心朝後上方，指尖朝左上方。左臂內旋，掌心朝右前方。目視左掌。

（2）上動不停，左腳向左後方下落成右偏馬步，上體左轉（胸朝東北），同時左掌向下、向左畫弧落於腹前，掌心朝下，指尖朝右前方。隨之右掌內旋，掌心向下，經左前臂上方向右、向上畫弧，掌同肩高，掌心朝前下方，指尖朝左前方。目視右掌。

【重點】

①倒捲肱是連續開合動作，是在連續後退中完成的。

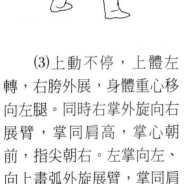

（3）上動不停，上體左轉，右胯外展，身體重心移向左腿。同時右掌外旋向右展臂，掌同肩高，掌心朝前，指尖朝右。左掌向左、向上畫弧外旋展臂，掌同肩高，掌心朝前上方，指尖朝左。目視左掌。

（4）上動不停，上體右轉（胸朝東），重心全部移至左腿，隨之右腳稍回收。同時左臂屈肘，左掌位於面頰左側，掌心朝右，指尖朝後上方。右掌內旋，掌心朝前下方。目視右掌方向。

②在向左或向右轉身帶動兩臂左右展開時，當即將完成兩臂伸展的極短距離內，要加速展臂，趁其反彈之勁迅速轉腰合胯，然後兩臂內旋回收，徐徐屈臂相合，突出本動作收

（5）上動不停，右腳尖
經左腳內側向右後方弧形擦
地撤成左偏馬步，隨之上體
右轉（胸朝東南）。同時右
掌向下、向後畫弧於腹前，
掌心朝下，指尖朝左前方。
左掌內旋向下、向前經右前
臂上方向左、向上畫弧至左
前方，掌同肩高，掌心朝
外，指尖朝右前上方。目視
右掌。

（6）與（3）動作相同，
方向相反。

- -

展開合、快慢相間的特點。

③倒捲肱的步法是兩腳連續後撤動作，是以「轉換步」
來連接的。

(7) 與 (4) 動作相同，
方向相反。

(8) 與 (5) 動作相同，
方向相反。

【擊法】倒捲肱左勢的擊法，是當對方進步用左掌向我胸
部打來，我以右拳黏其手腕向下沉採；同時左腳向後撤一步
以右掌向前擊其面部，右勢用法與左勢道理相同。

12. 退步壓肘

<table>
<tr><td>轉腰合臂</td><td>轉腰疊臂</td></tr>
</table>

（1）上體右轉（胸朝東南），左膝內扣，合胯、重心移至右腳。同時左手向左、向上、向前、向右畫弧外旋至左胸前，掌同鼻高，掌心朝右前方，指尖朝左前方。右手向右、向下、向後、向左畫弧至左肘內側下方，掌同腹高，掌心朝左後側，指尖朝左前方。目視左掌。

（2）上動不停，上體左轉，同時左手內旋屈臂成橫掌，向下按於體前，同腰高。右掌內旋屈臂經左前臂內側上提，掌心朝裡，同胸高。目視右掌。

【要點】①兩臂屈肘在體前環抱互繞時，身法是「回轉」與「提抽」的結合，這種混合身法的變換，即會產生一種將發未發的蓄勁。

②在分解動作(4)中，右腳向右後撤步足跟踏地作聲與左掌迅速擊出要一致。這是一瞬間的短發勁，勁力要完整。

（3）上動不停，上體微右轉，重心移向左腿。同時左手向內、向上翻轉，右手向前、向下環抱，兩掌相互纏繞，位於胸前，左掌繞於右前臂內側，掌心朝下，右掌心朝內。目視右掌。

（4）上動不停，重心移至左腿，右腳腳跟微抬起，腳前掌擦地經左腳內側向右後方撤一步，隨即腳跟踏地作聲，重心迅速移至右腿成左半馬步。同時右掌外旋回收於體前，同腰高，掌心朝上，指尖朝左前方，右臂屈肘於右腰側。左掌向左前方成橫掌迅速擊出，掌心朝下，同胸高。目視左掌。

【擊法】對方右手向我打來，我用右手黏其右腕，外旋撐其臂，用左小臂或橫掌反壓其肘關節。

13. 左、右野馬分鬃

扣腳下捋　　　　　　　　　　　轉身繞臂

（1）身體重心繼續移至右腿，左腳尖內扣，上體右轉（胸朝西南）；同時右掌隨體轉向右畫弧上提於右胸前，左掌外展，向下、向右畫弧於左胯旁，掌心朝下，指尖朝左。目視右掌。

（2）上動不停，上體繼續右轉（胸朝西）重心移至左腳；同時右掌內旋，向上、向右畫弧於身體右前方，稍高於肩，掌心朝外，指尖朝左上方。左掌內旋向右、向前畫弧於右腹前，掌心朝後下方，指尖朝前下方。目視右掌方向。

【要點】

①提膝與同側手經下向上畫弧托掌要協調一致。

②在提膝單腿支撐和進步落腳時，上體都要保持中正。

（3）上動不停，重心全部移左腿，上體左轉（胸朝西南），隨之右腿屈膝上提，膝同腰高，腳尖自然下垂。同時右掌外旋，向右、向後、向下、向前畫弧於右膝外側，掌心朝右上方，指尖朝右下方。左掌內旋，向上、向左畫弧至身體左側，掌稍高於肩，掌心朝外，指尖朝右前方。目視右手方向。

（4）上動不停，左腿屈膝，重心下降，右腳向前方下落，腳跟著地向前擦步，腳掌踏實。重心移向右腿成右偏馬步。同時右臂屈肘，右掌向右上托起，同肩高。左掌稍下落，掌心朝外。目視右掌。

（5）上動不停，右腳以腳跟為軸，腳尖外擺，身體右轉（胸朝西）。同時右掌內旋，向右畫弧於身體右前方，掌稍高於肩，掌心朝外，指尖朝左。左掌開始向左、向下、向前畫弧於左胯側。目視前方。

（6）上動不停，左腿自然伸直，重心移向右腿並屈膝；同時右掌繼續向右畫弧，左掌繼續向下、向前畫弧。目視左手。

【擊法】野馬分鬃右式的擊法是當對方左拳向我胸部打來時，我趁勢用左手由下向上黏其腕，向我左後方将帶，然後我右腳向對方腿後上步管其腳，近身用右肩臂穿至其腋下，靠摔對方。左式擊法與右式道理相同。

（7）上動不停，重心全部移至右腿，上體右轉（胸朝西北），左腿屈膝上提，膝同腰高，腳尖自然下垂。同時左掌外旋，向前、向上畫弧於左膝外側，掌心朝左上，指尖朝左下方。右掌向右、向後畫弧至身體右前方，掌稍高於肩、掌心朝外，指尖朝左前方。目視左掌。

（8）與（4）動作相同，方向相反。

14. 左、右金雞獨立

弓步搌掌

(1) 身體重心先向左再向右微移，上體隨之先向左再向右微轉；同時屈臂，兩掌向左、向後、向左轉腕畫弧至兩肩前上方，兩掌心均朝前上方，指尖朝後上方。目視左前方。

(2) 上動不停，重心繼續移向右腿，身體右轉（胸朝北），同時左掌繼續稍向右、向下畫弧於左肩前，掌心朝右前方，指尖朝右上方。右掌繼續向右、向前畫弧，掌稍高於肩，掌心朝前上方，指尖朝後上方。目視右前方。

- -

【要點】①在分解動作（1）、（2）、（3）中，上體先向左、再向右又向左轉動用的是「回轉」身法。

②在分解動作（3）中，身體迅速左轉和兩掌迅速搌按制動，形成一個頓挫反彈勁，然後鬆沉其勁，再向前上方徐徐

（3）上動不停，右腳蹬地，右腿扣膝、合胯，隨之上體迅速左移，重心移至左腿成左弓步；同時兩掌迅速向右、向下，向左畫弧揚按，左掌左至腹前，掌心朝前下方，指尖朝右前方。右掌畫至右胯旁，掌心朝前下方，指尖朝右前方。目視前下方。

（4）上動不停，重心繼續移向左腿，上體左轉（胸朝西）。同時兩掌向左、向前、向上方畫弧，左掌同肩高，掌心朝外，指尖朝右前方。右掌同腰高，掌心朝左前方，指尖朝右前方。目視左掌方向。

進行，這用的是「續換」手法。

③形成獨立式時，兩臂上下分展，氣下沉，頭頂懸，形成上下對拉勁，使動作既挺拔又含蓄。

(5) 上動不停，重心移向右腿，上體微右轉。同時左掌外旋直腕，掌同肩高，掌心朝右前方，指尖朝左前方。右掌內旋，向左上方畫弧於左前臂內側，掌心朝前下方，指尖朝左前方。目視左掌。

(6) 上動不停，重心繼續移至右腿，上體右轉（胸朝北）。同時兩掌隨之向左畫弧，左臂屈肘收於胸前，掌心朝右前方，指尖朝左前方。右掌平移至身體右前方，稍高於肩，掌心朝外，指尖朝左前方。目視左掌。

【擊法】左獨立式的擊法是當對方右拳打我左肋部時，我用左手按捌其臂，然後左膝頂撞其襠部，右掌穿擊其咽喉。右式擊法與左式相同。

（7）上動不停，重心移向左腿，上體左轉（胸朝西北）。同時兩掌繼續向右、向下、向左畫弧，左掌運行至體前，同腹高，掌心朝下，指尖朝右前方。右掌置於身體右後方，同腰高，掌心朝下，指尖朝右前方。目視左掌。

（8）上動不停，重心繼續移至左腿，上體左轉（胸朝西），隨之右腳前腳掌擦地跟於左腳跟內側，虛著地面，腳跟稍提。同時左掌隨身體左轉稍向前移，掌心朝前下方，指尖朝右。右掌向下、向左、向前畫弧至右胯側，小指側輕貼身體，掌心朝上。指尖朝前。目視左掌方向。

（9）上動不停，重心全部移至左腿，左腿伸起，右腿屈膝提起，膝同腹高，腳尖自然下垂。同時左掌向左、向前經左前臂內側向上穿出，經面前時，右前臂內旋向右上方展臂，掌心朝右，指尖朝上。左掌向下、向左按於左胯旁，掌心朝下，指尖朝前。目視前方。

（10）上動不停，左腿屈膝下蹲，右腿屈膝下落，右腳在左腳內側輕輕踏地，兩腳相距約 10 公分。同時右掌隨右腳下踏按至右胯前，左掌稍抬起與右掌同時向前下按，兩掌心都朝下，指尖朝前。目視前下方。

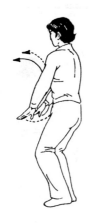

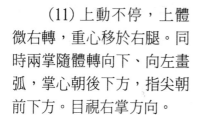

（11）上動不停，上體微右轉，重心移於右腿。同時兩掌隨體轉向下、向左畫弧，掌心朝後下方，指尖朝前下方。目視右掌方向。

（12）上動不停，上體左轉（胸朝西南），重心移至左腿後繼續下蹲，右腳向左橫跨一步。同時兩臂微屈，左掌內旋，右掌外旋，兩掌同時向上、向左畫弧，左掌伸於身體左前方，同肩高，掌心朝左前方，指尖朝右前方；右掌於胸前，掌心朝左前方，指尖朝右前方。目視右掌。

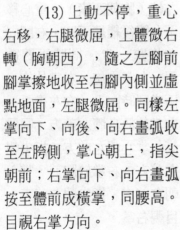

　　（13）上動不停，重心右移，右腿微屈，上體微右轉（胸朝西），隨之左腳前腳掌擦地收至右腳內側並虛點地面，左腿微屈。同樣左掌向下、向後、向右畫弧收至左胯側，掌心朝上，指尖朝前；右掌向下、向右畫弧按至體前成橫掌，同腰高。目視右掌方向。

　　（14）與（9）動作相同，唯左右相反。

15. 右六封四閉
撤步穿掌

（1）右腿屈膝下蹲，隨之左腳後落成右弓步，同時左掌外旋下落於體前，掌與下頦同高，掌心朝後上方，指尖朝前上方。右掌經左掌心向前上方突出，掌同頭高，掌心朝前下方，指尖朝前上方。目視右掌。

（2）上動不停，上體左轉（胸朝西南）重心移向左腿，左腿屈膝。同時左臂屈肘，左掌繼續向下、向左、微向上畫弧於右胸前，掌心朝後上方，指尖朝右。右掌稍向右再向下、向左畫弧，掌心朝下，指尖朝右。目視右掌方向。

【要點】①分解動作（3）兩掌上托至胸高時要加速制動，體現出頓挫勁。

②分解動作（4）、（5）中，上體的轉動是「回轉」的身

（3）上動不停，上體繼續左轉（胸偏東南），右腳尖內扣，重心移至左腿。同時左掌繼續上提至左肩前上方。中指、無名指和小指向裡、向上裹勁。右掌繼續向左、向前、向上畫弧托起，至身體右前方，掌與肩同高，掌心朝上，指尖朝右前方。目視右掌方向。

（4）上動不停，右腳向右前方稍移步，隨之上體微右轉（胸朝西南），重心移向右腿成右偏馬步。同時兩屈臂肘向內旋腕，使兩掌收於兩肩前上方，掌心朝前上方，指尖朝後上方。目視右前下方。

法，以腰帶動兩掌完成由開到合的動作。

③分解動作 (5) 兩掌向右前下方按出時，兩臂微屈、外撐，同時呼氣，含胸拔背。

虛步雙按掌　　　　　　　轉腰錯掌

　　(5)上動不停，重心繼續移至右腿，右腿稍蹬起，隨之左腳擦地跟至右腳內側，左腳虛著地面。同時兩掌經面頰兩側向右前下方按出，掌同腹高，兩掌心斜相對。目視兩掌。

　　(1)上體微右轉，重心稍移向左腿，同時左掌向前推出，掌心朝前下，指尖朝前上方。右掌外旋收至腰間，掌心朝上，指尖朝前。目視左掌方向。

- - - - - - - - - - - - - - - - - -

【擊法】對方雙手向我胸部擊來，我以兩掌由其兩臂中間向左右分開，隨即上右步，近身用兩掌按擊其胸部或腹部。

（2）上動不停，上體微左轉，重心偏於右腿並屈膝下蹲。同時左掌外旋，掌心朝上，收至腹前，指尖朝右。右掌屈腕變勾，經左掌心上方向右前上方伸出，與肩同高，勾尖朝左。目視右勾方向。

（3）上動不停，重心移至右腿，同時左腳提起，腳跟貼地向左擦出，隨之重心稍移向左腿。兩腳跟相距約三腳半。目視右勾方向。

（4）上動不停，左腳踏實，重心移於左腿，右腳尖稍內扣。目視右勾方向。

（5）上動不停，上體右轉，重心偏於右腿，同時左掌向右肘內側下方穿出，掌心朝上，指尖朝右前方。目視左掌。

【要點】

①分解動作（1）、（2）中，上體是向右、向左的「回轉」身法。

②在分解動作（6）中形成單鞭定勢時，沉肩、垂肘、塌腕和鬆腰、沉胯要形成一個完整的鬆沉勁。

(6)上動不停、上體左轉
（胸朝南），重心稍移向左
腿成左偏馬步。同時左掌內
旋，稍向上移，掌心朝外，
隨即經體前向左畫弧至身體
左前方成立掌。目視左掌。

- -

【擊法】對方右手抓握我右手腕，我用左掌按壓其腕上，
用左掌的下壓力與右腕的上掤力所形成的合力來折對方的腕
關節。如對方企圖解脫，即以右勾頂彈擊其下頦或鼻梁，隨
之近身用左手反抽其面部。

收腳擺掌

（1）身體重心稍向左移，同時兩臂放鬆，右勾變掌外旋，以腕關節為軸，掌指由下向右、向上畫弧於身體右前方，掌稍高於肩，掌心朝外，指尖朝右後方。左掌以腕關節為軸內旋，掌指由左向下、向右、向上畫弧於身體左前方，掌同肩高，掌心朝外，指尖朝右前方。目視右掌。

（2）上動不停，上體右轉（胸朝西南），隨之身體重心移至右腿，屈膝微蹲，左腳蹬地快速收至右腳內側，前腳掌虛著地面。同時右掌內旋，向上、向左、向下、向右畫一圓圈後置於身體右前方，掌稍高於肩，掌心朝外，指尖朝左前方。左掌外旋，向上、向左、向下、向右畫弧至腹前，掌心朝外，指尖朝左前方。目視左掌。

（3）上動不停，右腿繼續下蹲，左腳向左開步，同時兩掌向右前方稍推出。目視左手。

（4）上動不停，上體左轉（胸朝南），重心移至左腿，屈膝稍蹲，隨之右腳向左後方插步，腳前掌著地。同時左掌內旋向上、向左畫弧於左胸前，掌心朝外，指尖朝右上方。隨之右掌外旋，向下、向左畫弧於左腹前，掌心朝外，指尖朝前。目視左掌。

【要點】①在分解動作（1）、（2）中，兩臂運用的是「折疊」手法，是以身帶臂，鬆肩、鬆腕來完成的。

②在分解動作（2）中，左手向右畫弧運行要與左腳右收協調一致，在左手運行至腹前時，兩手向右推要有頓挫勁，然後接做分解動作（3），形成「續換」的手法。

③做左右雲手時是用「回轉」的身法，並帶動四肢協調運動。

　　(5)上動不停，右腳落實，重心移至右腿，屈膝稍蹲，上體微右轉，左腳向左開步。同時右掌內旋，經胸前向上、向右畫弧於身體右前方，稍高於肩，掌心朝外，指尖朝左前方。左掌外旋，向左、向下、向右畫弧於腹前，掌心朝外，指尖朝左前方。目視左掌。

(6)與(4)動作相同。

【擊法】左雲手的用法是，對方用左手向我胸部或面部擊來，我用左手由下向右、向上繞到對方左臂外側黏拿其臂或腕，並向左、向下牽動其重心，隨之我右手向左捌擊其左肘後部或肩背部，使對方傾跌。右雲手的用法與左雲手道理相同。

開步右雲手　　　　　　　馬步分掌

(7)與(5)動作相同。　　　（1）左腳尖外擺，重心移於左腿，屈膝稍蹲，上體左轉（胸朝南）；同時左掌內旋，向右、向上、向左畫弧，掌稍高於肩，掌心朝外，指尖朝右上方。右手外旋，向下、向左畫弧於右胯旁。目視右前方。

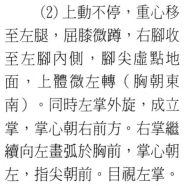

（2）上動不停，重心移至左腿，屈膝微蹲，右腳收至左腳內側，腳尖虛點地面，上體微左轉（胸朝東南）。同時左掌外旋，成立掌，掌心朝右前方。右掌繼續向左畫弧於胸前，掌心朝左，指尖朝前。目視左掌。

（3）上動不停，右腳向右開步，重心偏左腿。同時兩臂在胸前上下交搭，左臂在上，左掌心朝下，右掌心朝外。目視左掌方向。

【要點】在分解動作（5）中，右腳內扣合胯與兩臂左右平展要快速並協調一致，使身體上下形成一股撐勁。

【擊法】對方抓握我左手腕，我左掌回收，牽引對方，同時用右掌擊其面部或胸部。

「高探馬」定式

（4）上動不停，重心移向右腿成右偏馬步。同時兩掌分別向上經左右向下畫弧下落，左掌於身體左前方成立掌，指尖稍高於肩；右掌於身體右前方成立掌，指尖稍高於肩。目視右掌。

（5）上動不停，右腳尖內扣，合胯，上體微右轉。同時左臂稍內旋，右臂外旋分別向左右平展，掌同肩高，左掌心朝下，右掌心朝上，指尖朝右。目視右掌方向。

轉腰下捋

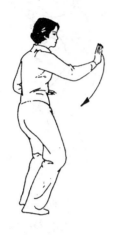 

（6）上動不停，重心移至右腿，屈膝微蹲，上體左轉（胸朝東北）。隨之左腳前掌擦地收至右腳內側成左虛步。同時左掌外旋收至腰側，掌心朝上，指尖朝右前方。右臂屈肘，右掌經耳側向前推出成立掌，指尖同鼻高。目視右掌方向。

（1）上體微左轉，同時右掌隨之向下稍向左畫弧落於腹前，掌心朝下，指尖朝前。左掌內旋，掌心輕貼腹左側。目視右掌方向。

　　(2)上動不停，上體右轉，同時右掌繼續向左、向上畫弧至左胸部，掌心朝裡向前掤出，同胸高。目視前方。

　　(3)上動不停，兩腿屈膝下蹲，重心移至右腿，右腳腳跟抬起，前掌虛著地面。同時左掌內旋向前伸出，指尖同鼻高，掌心朝前下方。左掌外旋，掌心朝上，掌背經貼於右前臂內側，指尖朝右上方。目視右掌。

（4）上動不停，左腳向左前方上一步，重心移向左腿成左弓步。同時左掌向下、向左、向上、向前畫弧於體前，同胸高，掌心朝右，指尖朝前上方；右掌向右、向下、向左畫弧於腹前，掌心朝左，指尖朝前。目視左掌。

（5）上動不停，上體微左轉，重心移至左腿，右腿向右前上方彈踢，同肩高，腳面繃平；同時左掌內旋，向右、向下、向左畫弧於身體左側，同頭高，掌心朝左，指尖朝上；右臂屈肘，右掌內旋，向左、向下畫弧，在胸前經左前臂內側向右前上方擊拍右腳腳面。目視右掌。

【要點】①左右擦腳是屈伸性腿法，彈踢要迅速，在手掌即將接觸腳面時，要突然發力，擊拍要響亮。

②手掌接觸腳面的一霎那，要有向前的擦力。

（6）上動不停，右腳向右前方下落，腳跟著地；同時右手臂隨之下落於右胸前，臂微屈，手心朝左前方，指尖朝上，同肩高。左手臂微下落，臂微屈，手心朝右前方，指尖朝上，同肩高。目視右掌。

【擊法】右擦腳的用法是，對方右手向我擊來，我用左掌向下、向左採按其臂，用右腿踢其襠部，右手擊其面部。左擦腳用法同右擦腳。

＊擦腳即拍腳。

（7）上動不停，右腳向右前方下落後，重心移向右腿成右弓步。同時右臂微屈，右掌稍外旋，內合至胸前，掌心朝左，指尖朝前上方。隨之上體微右轉，左掌向下、向右、向前畫弧於腹前，掌心朝右，指尖朝前。目視右掌方向。

（8）與（5）動作相同，唯左右對稱。

20. 蹬一根

分手左擦腳　　　　　　　扣腳落地

（1）右腿屈膝，胯內合，左腳內扣下落著地，上體微右轉，然後重心全部移至左腿，左膝稍屈；右腿屈膝上提，右腳收於左踝內側，腳尖上翹。同時兩掌變拳，收於腹前交叉，左拳在外，拳眼朝前。目視右前下方。

收腳收掌 側踹彈步

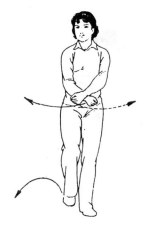 

　　(2)上動不停，右腳向右下方迅速踹出，其高度距地面約 30 公分，腳尖朝前，同時兩臂迅速向左右展開圓撐，兩拳距胯約 20 公分，拳背朝外，拳眼朝前。目視右腳方向。

【要點】

　　①蹬一根是屈伸性的腿法，要快速有力，力點在腳跟。

　　②兩手臂左右分展時要迅速抖腕，體現出動作的鬆彈勁，並與右腳側踹協調一致。

弓步撩拳 　　　　　　　　　馬步左披捶

（3）右腳落地，上體左轉，重心移於左腿成左弓步。同時左臂內旋，右拳向下、向左、向前畫弧撩出，同胸高，拳背朝上方；左拳收抱於腰間，拳心朝上。目視右拳方向。

（1）上動不停，上體微右轉，重心移向右腿。同時左拳先內旋後外旋向下、向左、向上並稍向前畫弧，位於身體左前方，拳同鼻高，拳心朝右後方；右拳外旋，回收於左肘內側，拳心朝裡。目視左拳。

- -

【擊法】對方右拳向我腹部或肋部擊來時，我側身用右臂護肋並掛其臂，用右腳橫踹其小腿或膝關節，同時右拳彈擊其小腹或肋部。

（2）上動不停，上體繼續右轉，重心移於右腿成右弓步。同時左拳隨之向左畫弧於體前，拳同眉高，拳心朝裡；右拳稍向下、向右划弧，拳心朝上。目視左拳。

（3）上動不停，重心移向左腿。同時右拳先內旋後外旋，向下、向右、向上、向左畫弧，停於身體右前方，拳同鼻高，拳心朝左後方；左拳稍向右、向下畫弧，附於右肘內側，拳心朝裡，目視右拳。

【要點】披身捶是以腰脊為軸的「回轉」身法來帶動兩臂做左右纏繞，動作要連貫協調。

【擊法】向右披身捶的用法是為對方貼近我背後襲擊時，我向右轉身，用右肘頂擊對方胸部，隨之右拳打擊腹部。

　　(4)上動不停，上體左
轉，重心移於左腿成左弓
步。同時右臂隨之向左畫
弧，置於右胸前，拳同鼻
高；左拳向下、向左畫弧，
置於左胸前，拳心朝上。目
視右拳。

22.背折靠

轉腰折腕　　　　　　　　　　　撐腰折靠

（1）繼上勢，上體微右轉。同時右拳拳背後仰，向左上方凸腕，拳心朝右上方；左臂屈肘，左拳收至腰間，拳面貼觸腰部。目視右拳。

（2）上動不停，上體微左轉再右轉（胸朝西南），重心移至右腿成右弓步。同時右拳內旋，向左、向下、向右、向上畫弧，屈肘至額右前方，拳距額頭約10公分，拳心朝外，拳眼朝下。左臂屈肘，肘尖朝左，左拳拳面緊頂腰部。目視左下方。

【要點】①右拳凸腕向下、向右畫弧運轉是用的「折疊」手法，肩、肘、腕要鬆柔、圓活。

②背折靠姿勢即將形成的一瞬間，要迅速向右撐腰，同時右肩背向右後方微靠，左肩要有向前頂勁。

【擊法】對方左手擊我胸部時，我左轉側身進右步，貼近對方用肩背靠打。或者對方右拳向我胸部擊來時，我向右轉腰閃身，右手黏握其右腕，同時用左肩臂向前靠撅其肘部，折其關節。

23. 青龍出水

(1) 繼上勢，上體先微左轉再稍右轉，重心隨之左移再右移，同時隨上體轉動，右拳外旋，向前、向下、向後畫弧於右肋旁，拳距體側約20公分，拳心朝上。左拳外旋，向下、向左、向上、稍向右畫弧於身體左前方，拳稍高於肩，拳心朝上。目視左掌。

(2) 上動不停，上體繼續微右轉再左轉，重心移於左腿。同時右拳內旋，繼續向後、向下、向右、向上、稍向左畫弧再外旋於身體右前方，拳同鼻高，拳心朝後上方。左拳繼續向右、向下、向左畫弧於腰前，拳心朝上。目視左拳。

【要點】①分解動作(3)中，在左掌打出時，左肩、肘、腕要放鬆，體現出鬆彈勁。

②分解動作(4)中，在右拳彈出時，左轉腰、沉胯、背部左側後撐這一系列動作和呼吸要協調一致，周身形成一個整勁。

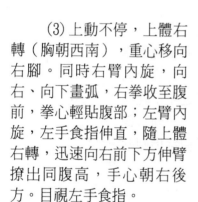

（3）上動不停，上體右轉（胸朝西南），重心移向右腳。同時右臂內旋，向右、向下畫弧，右拳收至腹前，拳心輕貼腹部；左臂內旋，左手食指伸直，隨上體右轉，迅速向右前下方伸臂撩出同腹高，手心朝右後方。目視左手食指。

（4）上動不停，上體迅速左轉（胸偏東南），重心稍偏於左腿成左偏馬步。同時右拳內旋，以拳背為力點，向右前下方迅速伸臂彈出至右膝內上方，拳距膝約20公分。左掌以彈右拳的同樣速度收貼於左腹部，掌心朝內。目視右拳。

③「青龍出水」是以腰脊為軸，向左、向右旋轉的兩次「回轉」身法，並以身帶臂纏繞蓄勁，曲中求直，兩臂交錯，迅速抖發。

【擊法】對方左拳自我腹部擊來，我用右手向下搬採其左臂，隨之左手撩擊其襠或腹部，緊接著右拳換打。

24. 白猿獻果

（1）上體先微向左再稍向右轉，重心稍向左偏，隨即向右移。同時右拳隨上體轉動向下、向左、向上畫弧，屈臂收於胸前，拳心朝裡，拳眼朝上。隨之左掌輕貼腹部，隨身體轉動微向左再向上、向右畫弧，左前臂內旋，屈腕，拇指和食指側貼胸。目視右拳。

- -

【要點】

①兩臂隨重心左右變換在體前做不同大小的圓形纏繞，右拳於體前在胸腹之間畫大圈，左手貼腹，內旋、外旋滾動畫小圈，兩臂在運動時要協調一致，鬆沉、連貫、圓活。

②在分解動作（3）中，右腿屈膝上提與右拳向前上擊要

（2）上動不停，上體微左轉，左腳尖外擺，重心移於左腿。同時右拳內旋，繼續向上、向右、向下畫弧於身體右前方，拳同胸高，拳心朝前，拳眼朝左；左掌外旋變拳置於右腹前，拳心朝上，拳眼朝前。目視右拳。

（3）上動不停，上體左轉（胸朝東北），重心全部移至左腿並微屈膝，右腳前掌擦地前移後屈膝向上提起，膝同腹高，腳尖自然下垂。同時左拳收回左腰側，拳心向上；右拳隨身體左轉外旋並繼續向下、向左經胯側向前、向上畫弧至體前，拳同鼻高，拳心朝後上方，拳眼朝右。目視右拳。

協調一致。

【擊法】對方右手向我左肋或腹部擊來，我以左臂搬壓其臂，隨之提右膝頂襠，右拳擊其下頦或面部。

25. 左六封四閉

落腳穿拳

（1）左腿屈膝，右腳腳尖外擺落於左腳前約 30 公分處，上體右轉。同時左拳變掌，前臂內旋，左掌經右前臂內側向前上方伸出，掌同鼻高，掌心朝前下方，指尖朝左前上方；右拳變掌，落於左前臂內下方，掌心朝後上方，指尖朝前上方。目視左掌。

（2）上動不停，上體右轉（胸朝西南），重心移至右腿並微屈膝，左腳向左前方上一步，腳尖稍內扣。同時隨身體右轉，右掌向下畫弧提至右肩前，稍高於肩，中指、無名指和小指向裡、向上裹勁；左掌向下、向右、向前、向上畫弧托至身體左前方，掌同肩高，掌心朝上，指尖朝左前方。目視左掌方向。

（3）上動不停，左腿向左前方稍活步，上體微右轉，重心移向左腿。同時兩臂屈肘向裡旋腕，兩掌收至肩前上方，掌心朝前上方，指尖朝後上方。目視右前方。

- -

【要點】①在分解動作（2）中，兩掌向上托至胸前時，要有短暫的加速制動，體現出頓挫勁。

虛步雙按掌　　　　　　　　轉腰錯掌

（4）上動不停，上體左轉（胸朝東南），重心繼續移至左腿，左腿稍蹬起，隨之右腳擦地左移成右虛步；同時兩掌經面頰兩側向左前下方按出，掌同腹高，兩掌心斜相對。目視兩掌。

（1）右單鞭與左單鞭動作相同，但方向相反。要領、擊法皆相同。

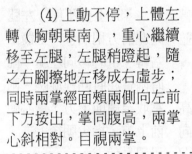

②分解動作（3）、（4）中，是用「回轉」的身法帶動兩臂完成由開到合的動作。

③在分解動作（4）中，兩掌向左前下方按出時，兩臂微屈外撐，同時呼氣，含胸拔背。

【擊法】對方兩手同時向我胸部擊來。我以兩掌由其兩掌中間向左右分開，隨即上左步近身，用兩掌按擊其胸或腹部。

轉腰出勾　　　擦步扣腳

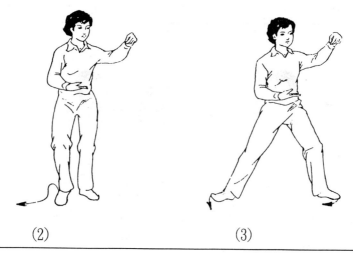

(2)　　　　　　　(3)

馬步拉橫掌

(4)　　　　　　　(5)

(6)

27. 雙震腳

<table>
<tr><td>轉身撩掌</td><td>收腳撩掌</td></tr>
</table>

（1）上體左轉，重心移至左腿，右腿合胯腳尖內扣。同時左勾手內旋變掌，掌心朝外，指尖朝右前上方；右掌隨身體左轉，向下、向左畫弧於腹前，掌心朝左前方，指尖朝右前方。目視右掌。

（2）上動不停，右腳尖外撇，上體右轉（胸朝西），重心移至右腿，右膝微屈，左腳收至右腿內側，兩腳相距約 10 公分。同時右前臂內旋，右掌向左、向上、向右畫弧於身體右前方，掌稍高於肩，掌心朝外，指尖朝左上方；左掌外旋，向下、向右、向前畫弧於腹左前方，掌心朝右前方，指尖朝左前下方。目視右掌。

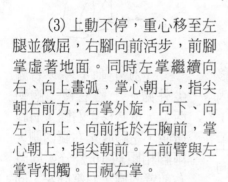

(3) 上動不停，重心移至左腿並微屈，右腳向前活步，前腳掌虛著地面。同時左掌繼續向右、向上畫弧，掌心朝上，指尖朝右前方；右掌外旋，向下、向左、向上、向前托於右胸前，掌心朝上，指尖朝前。右前臂與左掌背相觸。目視右掌。

(4) 上動不停，左腿屈膝下蹲，右腳全腳掌虛著地面。同時兩掌內旋，稍下按，掌心朝下，指尖朝前，左掌在右前臂內側。目視右掌。

【要點】①分解動作(4)要微屈膝、沉胯、鬆腰。沉肩垂肘、搨掌、呼氣要協調一致，體現出一種向下的蓄勁。

②分解動作(5)身體縱起騰空時，要提氣，左腳用力迅速蹬地，兩掌外旋上托要有個裹勁。騰空時上體仍保持正直。

③分解動作(6)左右腳依次踏地時，一定要屈膝鬆胯，用以緩衝，減輕震動。此勢不可用力震腳，兩腳依次落地即可。

(5)上動不停,右腿屈膝向上擺起,左腳蹬地,身體上跳騰空。同時兩掌外旋,向上托起,掌同肩高,掌心朝上,指尖朝前。目視左掌方向。

(6)上動不停,身體下降,左右腳全腳掌依次踏地作響。同時兩掌內旋下搨,掌同胸高,掌心朝下,指尖朝前。目視右掌。

【擊法】對方左手向我胸部擊來,我兩手向上托起對方手臂,右腳下踏其前足,然後用兩掌搨按其胸前或肋部。

28. 玉女穿梭

進步穿掌　　　　　　跳插步穿掌

（1）右腳向前進半步，重心移向右腿。同時右手直向前穿出，掌同咽喉高，掌心朝下，指尖朝前；左掌稍後收，掌心朝下，指尖朝前。目視右掌。

（2）上動不停，右腳蹬起，左腿前擺，身體躍起騰空右轉。同時右掌收落於左肘內下方，掌心朝下，指尖朝左；左掌經右掌上方向前穿出，掌同肩高，掌心朝下，指尖朝左。目視左掌方向。

【要點】①分解動作（1）的右腳進步和右掌前穿要與分解動作(2)的身體躍起和左掌穿出連貫協調。②躍步宜遠不宜高，身隨手走，動作要迅速、連貫、沉穩。③年老體弱者可不跳躍，改為上步插步轉身的做法。

（3）上動不停，左腳落地，右腳向左腳左後方下落成右插步，重心偏於左腿。同時左掌落於身體左側，同腰高，掌心朝下，指尖朝左；右掌收落於腹左前側，掌距腹約 10 公分，掌心朝下，指尖朝左。目視左掌方向。

（4）身體右後轉，隨之左腳尖內扣，右腳尖外擺，重心稍移向右腿。同時右掌隨身體右轉向右後上方畫弧於右肩前，掌稍高於肩，掌心朝外，指尖朝左上方；左掌向下、向左上畫弧於身體左側，掌同腰高，掌心朝前下方，指尖朝左前上方。目視右掌。

【擊法】以掌指連續穿擊對方喉部。

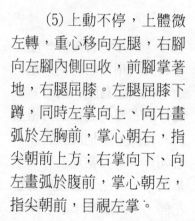

　　(5)上動不停，上體微左轉，重心移向左腿，右腳向左腳內側回收，前腳掌著地，右腿屈膝。左腿屈膝下蹲，同時左掌向上、向右畫弧於左胸前，掌心朝右，指尖朝前上方；右掌向下、向左畫弧於腹前，掌心朝左，指尖朝前，目視左掌。

　　(6)上動不停，上體繼續左轉，兩手臂繼續內合；同時重心移至左腿，右腿提步，而後腳跟內側著地，向右側擦步，全腳掌落地踏實，目視右掌。

　　(7)上動不停,上體右轉,重心稍移向右腿成右偏馬步。同時右掌內旋,繼續向左、向上、向右畫弧於身體右前方,掌稍高於肩,掌心朝外,指尖朝左上方;左掌向右、向下畫弧,經右上臂內側落於腹前,掌心朝右下方,指尖朝右上方。目視右手。

29. 獸頭勢

轉腰下捋　　　　　　　　　　　按掌提腕

（1）上體左轉，重心稍移向左腿；同時右手向前、向左下捋，左手隨之向左後移動，目視右手。

（2）上動不停，上體右轉（胸朝西南），重心移於右腿，同時右掌繼續向下、向左畫弧於左腹前，掌心朝左，指尖朝前；左臂屈肘、屈腕，向上提於右胸前，掌心朝左，指尖朝下。目視右掌。

【要點】①分解動作（2）至（4），兩前臂在體前上下內外互相纏繞時用的是「提抽」身法，應著意體會兩側腰肌的上下運行。

②分解動作（4）中，兩臂的鬆沉與鬆腰沉胯，沉肩垂肘應形成一個周身的合勁，這時應呼氣。

（3）上動不停。上體微左轉，重心稍左移。同時兩掌變拳，左拳向前、向下畫弧於右腹前，拳心朝內，拳眼朝上；右拳經左前臂內側由下向上提於胸前，拳心朝裡，拳眼朝上。目視右拳。

（4）上動不停，上體微左轉（胸朝南），重心稍右移，兩腿屈膝下蹲成右偏馬步。同時右前臂斜置於右胸前，肘下垂，右拳外旋微屈腕，拳同肩高，拳心朝裡，拳眼朝上；左前臂橫於胸前，左拳附於右肘內側，拳心朝裡，拳眼朝上。目視右拳。

【擊法】對方右手握（其虎口與我虎口方向相反）我右腕時，我左臂壓其肘，右臂上提撅其臂。如對方欲解脫，則隨即近身，以右拳擊對方胸部。

30. 雀地龍
旋腕擺掌

（1）上體微左轉，重心稍左移。同時兩腕放鬆，兩拳變掌，右掌內旋，掌心朝下，指尖朝左下方；左掌外旋，掌心朝右上方，指尖朝左前方。目視右掌。

（2）上動不停，上體右轉（胸朝西南），重心移至右腿成右弓步。同時右掌由下向左、向上、向右畫弧旋腕稍展臂，掌同眉高，掌心朝外，指尖朝左前方；左掌向下、向左、向上、向右畫弧內旋腕稍展臂、掌心朝外，指尖朝左前上方。目視左掌。

【要點】①在分解動作（1）、（2）中，上體向左、向右轉動，是採用「回轉」的身法帶動兩掌來「折疊」手法。

②在分解動作（5）中，仆步下勢時，上體要儘量保持中正，年老體弱者，可不下蹲。

（3）上動不停，身體左轉（胸朝東）右腳尖內扣，左腳尖外擺，重心移至左腿成弓步。同時隨身體左轉，左掌向下、向左、向前、向上畫弧並外旋，掌同鼻高，掌心朝右，指尖朝前上方；右掌外旋，向下、向左、向前畫弧掌心朝左，指尖朝前。目視左掌。

（4）上動不停，上體右轉（胸偏西南），重心移於右腿，右膝屈蹲。同時兩掌變拳，右拳自腹前上撩，並以胸前隨身體右轉向右、向上畫弧並稍內旋，拳同眉高，拳心朝左下方；左臂屈肘，左拳經右臂內側向右、向下畫弧，拳心朝裡。目視左拳方向。

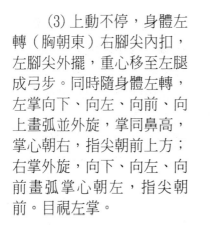

【擊法】對方右拳向我胸部擊來，我以右手黏其手腕向右上方捋其臂，隨之下勢，我以左腳插在對方腿後面管其腳，以左手臂穿至襠下扛摔對方。

（5）上動不停，上體微左轉（胸偏東南），右腿屈膝全蹲，左腿伸直下仆，同時左拳向下、向左經腹前沿左大腿內側外旋穿出，拳眼朝上；右拳向右上方伸出，拳心朝左下方。目視左拳。

31. 上步七星
上步架拳

（1）左腳尖外擺，右腿蹬起，上體微左轉，重心移向左腿成左弓步。同時左拳向前、向上弧形衝起，位於身體左前方，拳同下頦高，拳心朝裡；右拳向下畫弧落於右胯旁，拳心朝左前方。目視左拳。

（2）上動不停，上體左轉（胸朝東），重心移至左腿並微蹲，右腳前腳掌擦地經左腳內側向前上步，右膝微屈，以前腳掌著地。同時左拳微外旋，稍向裡合；右拳稍外旋，向下、向前經左腕外側向上衝起，兩拳以腕部交叉抱於胸前，兩拳心皆朝裡。目視兩拳方向。

【要 點】①在分解動作（2）中，右腳上步與左拳上衝要協調一致。②分解動作（3）中，兩掌外撐的同時，脊背要有向後的撐勁。

【擊 法】當對方雙手逆握我兩腕時，我即屈臂，兩拳內旋交叉解脫，隨之變掌搨擊對方胸部。

內旋撐掌　　　　　　　　　　　外旋握拳

（3）上動不停，兩拳以腕相貼的交叉點為軸，同時內旋向裡、向下、向前繞一小圓後變掌外撐，掌心朝外。目視兩掌方向。

（1）兩掌在胸前仍以兩腕相貼的交叉點為軸，由掌變拳外旋，向外、向下、向裡翻轉，左拳在外，右拳在裡，拳心皆朝裡。目視兩拳方向。

　　(2)上動不停,右腳後撤
一步,身體右轉(胸朝南),
兩腿下蹲,同時兩拳內旋變
掌,右掌在上,兩掌心朝下,
隨身體右轉向下、向左右分於
兩膝上方,左掌心朝左下方,
右掌心朝右下方。目視右
掌。

【要點】①在分解動作(3)中,屈膝沉胯與右上左下兩手
內合形成一個整勁。②分解動作(4)中,要借助右手的上
擺,來帶領左腿屈膝提擺。

【擊法】對方用腳踢我左腿或襠部時,我左腿後撤,向右
轉身閃開,並用左手護膝防其腳踢。這是一個防守的連續動
作。

（3）上動不停，重心移於右腿，左腿收至右腳內側，前腳掌著地，兩腿微蹲。同時右掌繼續向右、向上、向左畫弧外旋，屈臂立掌於右胸前，指尖同頭高，掌心朝左；左掌繼續向左、向上、向右、向下畫弧外旋，附於右肘向下方，掌心朝右，指尖朝上。目視右掌。

（1）左腳落實，重心稍向左移，兩腿仍稍蹲，右腳尖外擺，隨之重心全部移至右腿，上體右轉。同時右掌向下、向右、向上畫弧並內旋，掌心朝外，指尖朝左前方；左掌向下、向左內旋畫弧於胯旁，掌心朝下，指尖朝前。左腿隨上體右轉向右、向上屈膝擺起。目視左前方。

提膝分掌　　　　　　　　　轉腰擺掌

（2）上動不停，身體繼續向右後轉（胸朝東），左腳隨身體轉動，腳尖內扣，向西北方落下，重心移至左腳；右腿屈膝，右腳跟抬起，前腳掌虛著地面。同時兩掌隨身體右轉向右畫弧，右掌於身體右側，臂微屈，掌心朝下，指尖朝右；左掌於右胸前，掌心朝下，指尖朝右。目視右手方向。

【要點】①在右腿弧形上擺之前，要屈膝、合胯、鬆腕。

②年老體弱和腿部柔韌性較差者，可屈膝擊拍腳面外側或兩手在腳面上方掠過。

【擊法】對方從前面用右腳踩我左腿，我左腿向右後落步，轉身閃開，隨即擺右腿還擊其肋部和腰部。

擺腿拍腳　　　　　　　　　　落腳推掌

（3）上動不停，右腿屈膝向左、向上、向右弧形擺起，右腳同胸高，腳尖向上。同時左右掌向左、向上依次擊拍右腳面外側，兩掌心皆朝左。目視右腳。

（1）右腳向右落地，上體微左轉。同時兩臂向左前方伸展，掌同胸高，兩掌心皆朝左下方。目視右掌方向。

扣腳右将　　　　　　擺腳收拳

(2) 上動不停，上體右轉，重心移於右腿，左腳尖稍內扣。同時左掌外旋，右掌內旋隨身體右轉向右側畫弧，右掌稍高於肩，掌心朝右前方，指尖朝左前上方。左掌同胸高，掌心朝右，指尖朝前上方。目視右掌。

(3) 上動不停，重心移於左腿，體微左轉，右腳尖稍外擺。同時右掌外旋下将變拳，屈肘收於腰間，拳眼朝上。左掌內旋下将變拳，屈肘收於腰間，拳眼朝上。目視右拳。

【要點】當頭炮是抖發勁動作。在分解動作(3)中，兩掌向左下方将時要鬆腰沉胯，上體左轉，充分蓄勁。分解動作(4)中，形成右弓步與兩臂前衝要快速協調一致。在發勁過程中，左腳蹬地，屈膝沉胯，速向右轉腰，力達兩拳，以左助右，迅速制動，形成抖勁。

（4）上動不停，重心移於右腿成右弓步，上體稍右轉（胸朝東南）。同時右前臂橫於胸前向右前方掤擊，拳心朝裡，拳眼朝上；左臂微屈，向右前方微衝，左拳距右腕內側約10公分，拳眼朝上，目視左拳。

（1）重心移向左腿，上體左轉。同時兩拳變掌，右掌外旋，左掌內旋隨身體左轉向左側畫平弧，左掌同鼻高，掌心朝外，指尖朝右；右掌同胸高，掌心朝外，指尖朝右。目視右掌。

【擊法】對方右拳向我擊來，我以兩手黏其右臂向左下捋採，隨即以右拳和右前臂猛然掤擊對方胸部或腹部。

上步撩掌

（2）上動不停，上體稍右轉，右腳尖外擺，腳尖朝西南，重心移於左腿。同時右掌內旋，繼續向左、向下畫弧至體前，同腹高，掌心朝前下，指尖朝左前方；左掌外旋，繼續向左、向下畫弧於左胯旁，掌心朝下，指尖朝左。目視右掌。

（3）上動不停，重心移至右腿，上體繼續右轉（胸朝南）。隨之左腳前腳掌擦地向前上步，全腳掌虛著地面，左腿微屈。同時左掌前撩於左胯前，掌心朝前上方；右掌外旋，向上、向裡、向下畫弧橫於左前臂上方，掌心朝後上方。目視左掌。

＊左金剛搗碓的要點和擊法同右金剛搗碓。

提膝握拳　　　　　　震腳砸拳

　　（4）上動不停，左掌變拳，屈肘上提至同胸高，拳心朝上；隨之右掌下落於腹前，掌心朝上，與左拳背上下相對。同時左腿屈膝上提，腳尖自然下垂；右腿稍蹬直。目視左掌。

　　（5）上動不停，右腿屈膝半蹲，隨之左腳全腳掌踏地，兩腳平行，相距約 20 公分。同時左拳砸落於右掌心內，拳心朝上。目視左拳方向。

36. 收　勢

<table>
<tr><td>屈膝托掌</td><td>翻掌分手</td></tr>
</table>

　　（1）重心移至兩腿之間，兩腿緩緩蹬起。同時左拳變掌，兩掌同時提於胸前，掌心皆朝上。目視前方。

　　（2）上動不停，上體稍直。同時兩掌內旋，左右分開，同胸高，掌心朝下，隨之向身體左右兩側徐徐下落，然後左腳向右腳併攏。目視前方。

【要點】動作要緩慢，精神、勁力要貫徹始終，不可鬆懈。身體要自然、沉穩，呼吸自然。

陳式三十六式太極劍

一、概　述

(一) 劍各部位名稱

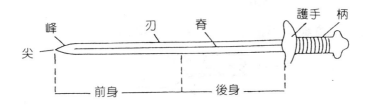

峰　刃　脊　護手　柄

尖

前身　　後身

(二) 劍的握法

1.持劍　手心貼緊護手，食指附於劍柄，拇指和其餘手指扣緊護手，劍脊輕貼前臂後側。

2.握劍　虎口貼近護手，拇指與其餘四指相對握攏劍柄。握劍形式主要有以下四種：

(1)正握：立劍（刃朝上下），小指側在下。

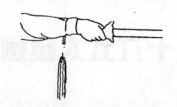

(2)反握：立劍，小指側在上。

(3)俯握：平劍（刃朝左右），手心向下。

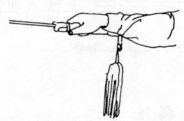

(4)仰握：平劍，手心向上。

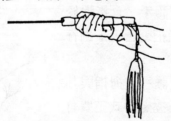

　　握劍時應注意：①手腕要鬆，手指要活，手心要空。②握劍以拇指、中指、無名指為主，食指、小指配合，隨動作變化靈活掌握，時握時放，順其自然。

3.劍指　食指與中指伸直併攏，無名指與小指屈攏；大拇指扣壓在無名指和小指第一關節上。

(三) 基本劍法

1. 劈劍　正握劍，由上向下運動，力注於劍身下刃，為立劈由上向左（右）斜下運動為斜劈。

2. 刺劍　屈臂前伸，力注於劍尖。

3. 撩劍　反握劍，經體側由下向上運動，力注於劍前身小指側刃。

4. 掛劍　立劍，劍尖由前向下向後或由前向上向後運動。力注劍前身。

5. 點劍　正握劍，屈腕短促用力，使劍向前下運動，力注劍下峰。

6. 崩劍　正握劍，手腕下沉短促用力，使劍由下向上運動，力注劍上峰。

7. 支劍　劍在頭前上，以腕為軸向左（右）平繞一周。

8. 架劍　劍身橫平高舉過頭。力注劍身小指側刃。

9. 穿劍　劍貼身向下弧形運動，力注劍尖。

10. 提劍　腕部上提，使劍尖垂直或斜向下。

11. 掃劍　劍成水平，向左（右）平擺，擺幅大於 90 度，劍不得高於腰部，力注劍刃。

12. 抹劍　平劍，由前向左（右）弧形收回，高度在胸腹之間，力注劍身。

13. 帶劍　平劍或立劍，劍由前向側後或側後上方抽回為帶，力注於劍身。

14. 斬劍　平劍向左（右）橫擊，高度在頭與肩之間，力注劍身小指側刃。

15. 截劍　劍身斜向上或斜向下，以劍前身小指側刃為力點迎擊。

16. 托劍　立劍劍身平直，由下向上舉，力注劍身小指側刃。

二、三十六式劍動作圖解

圖解説明

1.為了表達清楚，以圖像和文字對動作作了分解說明。但在練習時應力求連貫，銜接緊湊。

2.在文字說明中，除特別註明者外，不論先寫某部位動作、後寫某部位動作，練習時要協調配合進行，不要先後割裂。

3.為了方便讀者查對動作，圖中人體以背向讀者，宛如教師背向讀者站立於前，便於讀者仿照行動。即圖中人體胸向南、背向北，左側為東，右側為西。方向轉變以人體胸部為準，胸向為前。

4.圖中的線路表明動作徑路，左手左腳用……→，右手右腳用→。有的動作的角度、方向難以用線路表達的，以文字說明為準。

預備式（胸朝南）

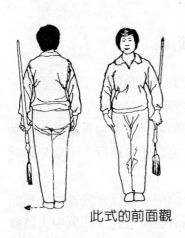

此式的前面觀

（1）兩腳併攏，身體直立，兩臂自然垂於身體兩側。左手持劍，劍身豎直，劍尖向上。目前平視。

（2）左腳向左開步，兩腳距離與肩同寬。右手握成劍指。目前平視。

1. 起　勢

　　（1）上體微左轉，身體
重心移於左腳前掌；同時，
兩手臂由體側慢慢向左前上
畫弧平舉，同肩寬，兩手心
均朝下，劍身輕貼左臂下。
目隨手左前平視。

　　（2）上體微右轉，身體
重心移於右腿，同時兩手臂
平行向右畫弧至胸前平舉。
目隨手向右前平視。

2. 攔門劍（馬步持劍）

（1）身體重心全部移至左腿並屈膝下蹲，在左腿屈膝下蹲的同時右腳迅速屈膝提起，腳尖自然下垂，距地面約 10 公分；同時左手劍向右向下畫弧，屈肘，劍尖朝後下方。右劍指向右下向左畫弧在身體左前方相合，左手同肩高，右手同腹高，兩手心斜相對。目視左劍指。

（2）左腿繼續屈膝下蹲，右腳尖翹起，腳跟內側沿地面向右擦出一步；同時左手繼續向右，右手繼續向左上畫弧相合。目視右劍指。

- -

【要點】在左腿下蹲、右腿屈膝上提的同時，兩手臂在身體左前左右合勁。定勢時要鬆腰、沉胯、斂臀，上體正直。

（3）身體重心慢慢移向
右腿，右腳尖內扣落實右偏
馬步。同時左手持劍經右臂
內側向下向左畫弧於身體左
側，劍柄同腰高，手心朝
後，劍身豎直，劍尖朝上；
右劍指繼續向上經面前向右
下畫弧於身體右前方，劍指
尖同鼻高，手心朝前。目視
右劍指。

（1）身體左轉，右腳撐
地，重心移向左腿，右腿自
然伸直，右腳尖內扣；同時
右劍指向下向左向上擺起於
身體左前方，同胸高，劍身
輕貼左臂下，劍柄同肩高，
兩手心均朝下。目隨劍指平
視左前方。

(2)重心移向右腿並屈
蹲，上體右轉，左腳尖外
擺。隨體轉兩手臂向右後畫
弧平擺，左手持劍屈肘於胸
前，手心朝外，劍尖向左；
右劍指於體右側，同肩高。
目視右劍指方向。

(3)上體左轉，重心移
至左腿；右腳輕擦地面向左
腳跟步，腳尖外擺，兩腳跟
相距約 20 公分，兩腿微屈
站立。同時左手持劍使劍柄
向下向左後畫弧落於左胯
旁，臂微屈，劍身貼左前
臂，劍尖向上；右劍指經右
腰側向前指出，同胸高。目
視右劍指方向。

【要點】右腳跟步與右劍指前指要協調一致，跟步前指
時，兩腿慢慢伸起。

4. 葉底藏花（歇步藏劍）

（1）上體右轉，重心全部移至左腿。右腿屈膝向前向上提起。腳尖外擺；同時兩臂隨體轉分別向下，向前後畫弧側舉，劍柄同肩高，右劍指同腰高，手心均向下。目視左手方向。

（2）右腳落於左腳前，兩腿屈膝下蹲成歇步（胸朝南）。同時兩臂微向上向胸前屈肘，左手持劍，劍身貼於左前臂下，劍尖朝左，手心朝下；右手握劍柄接劍，手心向上。目視劍尖方向。

- -

【要點】右腿提起與兩臂側舉要同時協調一致，兩腿屈蹲成歇步與兩臂胸前屈肘要協調一致，如年老、腰腿不佳，可不做全蹲歇步，半蹲也可。

　　兩腿伸起，重心全部移至右腿並自然伸直，左腿屈膝提起，腳尖自然下垂。這時右手舉劍，將劍架於頭上方，手心朝前，劍尖朝左；左手成劍指隨劍上架向左伸出，指尖朝上，手心朝左前方，同鼻高。目視劍指方向。

- -

【要點】右腿獨立時，腿要慢慢伸起，腳趾抓地，上體要正直，下頜微收，頭有頂意，重心要平穩。

　　(1) 右腿屈膝，左腳落地內扣，身體右轉。同時右手劍向上向右前下劈；左劍指向上隨轉體向前向下畫弧附於右前臂內側。接著重心移至左腿，上體微右轉（胸朝西南），右腳後收，腳尖點地，右臂屈肘向後上方抽劍於身體右側，右手至右胯旁，手心朝裡，劍尖朝前下方。目視劍尖方向。

(2) 右腳向前上步落實，重心全部移至右腿，上體微左轉，左腿提膝，腳尖微內扣；同時右手劍向右前下方刺出，隨之左劍指向前向上架於頭左上方。目視劍尖方向。

【要點】提膝下刺時，應由慢到快，力注劍尖，要有一頓挫勁。

（1）右腿微屈，左腳向左落一步，腳跟著地，腳尖翹起。同時右臂內旋，右手扣腕，使右手劍向左掛於身體右側，手心朝後，劍尖向下；左劍指向右向下，畫弧落於右腰前。目視劍尖方向。

（2）身體繼續左轉，重心移向左腿，左腳踏實成左弓步（胸朝東北）。同時左劍指繼續向下向左向上，向右畫弧於頭左上方，手心斜向上；右前臂外旋，右手仰握劍經身體右側向前平刺，同胸高。目視劍尖。

【要點】向前刺劍與身體左轉成弓步的動作要協調一致。

8. 護膝劍（左右撩劍）

（1）左腳尖外擺，右腳跟抬起，身體左轉。同時右臂外旋屈肘使劍回收，劍柄至左胸前；左劍指下落附於右腕內側。目視劍尖方向。

（2）右腳向右上步，身體右轉，重心移於右腿成右弓步。隨之右前臂內旋，右手劍向上向左向下向右經左膝側向右前撩出，手心翻向外，劍柄同肩高，劍尖朝前下方；左劍指附於右前臂內側。目視劍尖方向。此為護膝劍左勢。

【要點】右撩劍要與連續上步協調一致。上步時兩腿微屈，身體重心要平穩。撩劍時要以身帶臂，沿身體兩側畫立圓，並要連貫圓活。

(3) 右腳尖外擺，左腳跟抬起，上體右轉；同時右臂微屈，右手劍向上向右畫弧，劍柄於頭右上方，劍尖朝左微低於劍柄。目視左方。

　　(4)重心移於右腿，左
腳向左上步；接著右腳向左
前再上一步成右弓步。同時
右手劍向上向右向下經右膝
側外旋向左前方撩出，手心
斜向上，劍柄同肩高，劍尖
稍低於劍柄；左劍指向下向
左向上畫弧於頭左上方，手
心斜向上。目視劍尖方向。

（1）右腳以腳跟為軸，腳尖外擺，身體右轉，左腳跟提起。同時右前臂內旋成俯握劍，劍柄同肩高，劍尖朝右前，左劍指向前下畫弧附於右腕部，手心朝右下方。目視劍尖方向。

（2）身體重心移至右腿，左腳向左前方上一步成馬步；隨之重心全部移至左腿並自然直立，右腿屈膝提起，膝同腹高，腳尖自然下垂。同時右前臂內旋，劍身平直向下向右經體前向左向

【要 點】由馬步到獨立托劍，過渡姿勢要低，要有向下打撈之意。獨立要穩。

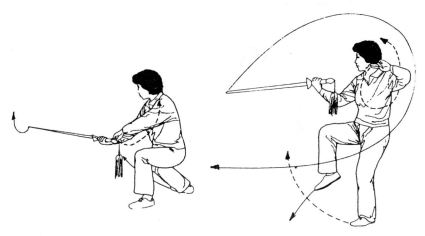

上畫弧，屈臂外旋托劍於右
胸前，手心斜向上，劍柄同
胸高；左劍指向下向左向上
畫弧於左耳旁，手心朝外。
目視劍尖。

10. 金雞展翅（提膝下截）

　　右腳向右前落步踏實，上體微左轉再右轉，隨之重心全部移至右腿並自然伸直；左腿屈膝提起，膝同腰高，小腿微內收。同時右手劍向上向左向右下方畫弧截劍，劍柄同腰高，手心朝下，劍尖斜向下；左劍指向右向下向左向上向右畫弧於頭左上方，手心朝左前方。目視劍尖方向。

- -

　　【要點】右腿屈膝提起與右手劍下截及左劍指畫弧上架的動作要協調一致；上體向前微傾。獨立要平穩。

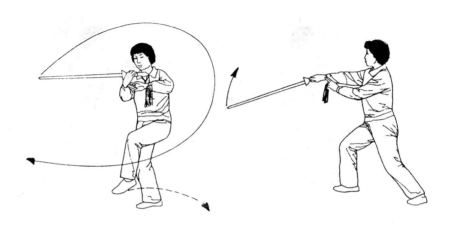

　　(1)右腿屈膝，重心下降；同時右臂外旋屈肘使右手劍
收於胸前，左劍指向右、向下附於右前臂內側，手心向外。
接著左腿向後落，上體微左轉再右轉成右弓步。同時右手劍
向上向左向後向下向前下畫弧撩出，劍柄同胸高，劍尖低於
劍柄，手心朝右；左劍指仍附於左前臂，手心朝前下方。目
視劍尖。此為捲肱左式。

【要點】撒左腳左撩劍與撒右腳右撩劍，實際是在身體兩
側各畫一立圓，動作以身帶劍，要連貫圓活，眼隨劍視。

(2) 重心移至左腿並屈
膝，右腿自然伸直，上體微
右轉。同時右前臂屈肘內
旋，手心翻向外，使右手劍
領架於頭右上方；左劍指附
右前臂，手心朝右。目視劍
尖方向。

(3) 上動不停，重心移
至左腿，上體微左轉，右腿
向右後撤成左弓步。同時右
手劍向上向右後向下向前上
畫弧撩出，劍柄同胸高，臂
微屈，小指側刃朝上，劍尖
低於劍柄；左劍指向下向左
向上畫弧於頭左上方，手心
斜向上。目視劍尖方向。此
為捲肱右式。

12. 虎抱頭（虛步捧劍）

（1）重心微右移左移，再移於右腿並微屈，上體微右轉左轉再右轉，左腳尖內扣。同時右腕上凸劍尖稍下垂，然後右前臂內旋，使右手劍向右向上向左向下畫弧橫於身體左前，劍柄同腰高，手心翻向下，劍尖朝左後；左劍指向右向下落附於右腕部，手心朝下。目視劍尖方向。

（2）上動不停，左腳向右前活步，身體右轉（胸朝西），右腳以前掌為軸碾轉，腳跟提起；同時右手成俯握劍，向右後平抹，隨轉體左劍指與右手劍左右分開於腰兩側，劍尖朝前，兩手心均朝下。目前平視。

【要點】轉身時上體要保持正直、斂臀，轉身時的速度應稍快。該動作與前面的「捲肱劍」要銜接緊湊、連貫，一氣呵成。分解動作（1）的劍法，實際是以身帶臂的「折疊」劍法，動作應鬆柔連貫圓活。

（3）重心在左腿，兩腿屈蹲，右腳抬起微後收，腳前掌著地。同時兩手臂外旋，向內合抱於腹前；左劍指附於右腕下，劍尖朝前略高於劍柄。目視劍尖。

（1）兩腿繼續屈膝重心下降，隨之右腿屈膝上擺，左腿蹬地跳起；同時兩手抱劍隨身體向上托起。目視劍尖方向。

　　(2)上動不停，左腳右腳依次落地下震，重心偏於左腿；同時兩手捧劍向下拍壓，劍柄同腹高，劍尖略高於劍柄。目視劍尖。

　　(3)右腳向前進半步，重心全部移至右腿，兩腿自然伸直，左腳跟抬起，腳尖點地；同時兩手捧劍向前上伸臂刺出，劍柄同胸高，手心均朝上，劍尖朝前上方。目視劍尖方向。

【要點】右腳上步與兩手臂向上送劍，左腳落地與兩手回收，都應協調一致。動作要沉穩輕靈，劍刺出時要平穩。

　　◎年老病弱者可不必強力跳起振腳，只要用意輕跳即可。

（4）右腳前掌用力蹬
地，左腳向前搶上一大步踏
實，左腿屈蹲，右腳在左腳
將落未落時迅速向左腿內側
收攏屈膝抬起，腳尖自然下
垂。隨著左腳落地，兩手臂
內旋分開收於胯旁，手心均
向下。目前平視。

（5）右腳再向前落成右
弓步。同時右手劍外旋由腹
前向前刺屈，劍柄同胸高；
左劍指向前向上畫弧於頭左
上方，手心斜向上。目視劍
尖方向。

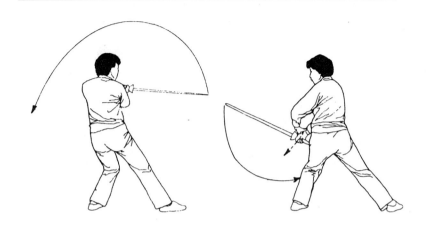

　　(1) 身體重心移向左腿、右腿再左腿，上體微左轉、右轉再左轉，右腳尖微扣；同時右臂微屈，右手劍向左回帶，左劍指附於右腕上，隨體轉右手劍繼續向下向右向上向左畫弧回帶，經胸前內旋，使劍向上向左後畫弧下落，劍柄同腰高。隨之左腳以腳前掌為軸，腳跟向外擰轉，左腿蹬直，身體右轉成右弓步。同時右手劍繼續向下向右向上畫弧提到劍於胸前，劍柄與右額同高，劍尖朝左上方；左劍指向下向左畫弧於左胯旁，手心斜朝下。目視左下方。

- -

【要點】此勢有象形之意，鷹式有踞高臨下尋捕之勢；熊式有蹲踞、沉著、待機而動之意。練時意識引導，形象逼真，更增加練習趣味。

　　（2）重心全部移至右
腿，左腿屈膝抬起，膝同腰
高，腳尖勾起。同時右手劍
與左劍指分別繼續向右上及
左側分展，劍柄高於頭，手
心朝右，劍尖朝左下方；左
劍指同腰高，手心斜向下。
目視劍尖方向。此為鷹勢
式。

　　(3)上動不停，左腳尖
外擺，向右前落地，兩腿屈
膝全蹲成歇步。同時右手劍
經左膝外側向下向左穿劍於
身體左側，同胯高，劍身平
直，手心朝裡；左劍指向下
向右畫弧附於右小臂上，手
心朝下，目視劍尖。隨之右
手翹腕，右手劍向上向右畫
弧抱於胸前，劍柄同胸高，
手心朝裡，劍尖朝右上方。
目視劍尖。此為熊式。

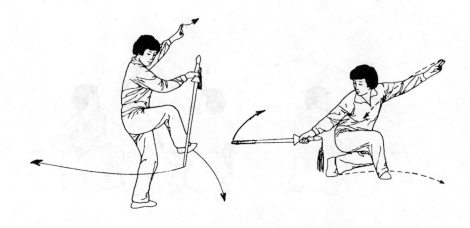

(4) 兩腿伸起，重心全部移至左腿，右腿屈膝向前上提起，腳尖翹起。同時右前臂外旋，使右手劍向右上向下穿掛於右小腿外側，劍柄同肩高，手心向上，劍尖向下；左劍指向上架於頭左上方，手心斜向上。目視劍尖。

(5) 上動不停，右腳尖外擺向前下落實，兩腿屈膝全蹲成歇步。同時右手劍在右膝外側繼續向下向右後穿劍於身體右後方，劍柄同胯高，劍身平直，手心朝前；左劍指向左分展，手心朝前。目視劍尖。

15. 燕子啄泥（弓步下點）

（1）重心升起，左腳向左前上成馬步。同時右前臂外旋，使右手劍向上向左回帶，劍柄同肩高，手心朝裡，劍身平直，劍尖朝右；左劍指附於右前臂內側，手心朝外。目視劍尖方向。

（2）右腳以前掌為軸，腳跟向外碾轉蹬地，將重心移向左腿，身體左轉成左弓步。同時右臂向右前伸出，使右手劍向上向左向前下點，劍柄同胸高，劍尖低於劍柄，力注劍尖；左劍指附於右前臂，手心斜向下。目視劍尖。

- -

【要點】由馬步過渡到弓步時，重心要平穩移動。點劍時要敏捷、輕巧。

16. 猿猴縮身（丁步帶劍）　　17. 順水推舟（弓步反刺）

左腳蹬地，重心全部移至左腿並屈蹲，身體微右轉，左腳收至右腳內側成丁步；同時右臂屈肘內旋，使右手劍向右上回帶橫於頭右前上方，劍柄於右額側，劍尖朝左，手心朝外。目視左前方。

左腳向左（西北）上步，上體微曲左轉成左弓步。同時右手劍向左前上方反刺，劍柄指仍附於右前臂內側。目視劍尖方向。

【要點】收腳和劍回帶要協調一致，並要迅速輕靈。

【要點】上步重心前移成弓步與反刺劍要協調一致。探刺定式時，右臂要伸直與劍形成一條斜線。

　　(1)身體重心後移，左
腳尖內扣，身體向右後轉
180度；隨之重心移至左
腿，右腳收於左腳內側，腳
尖點地，兩腿微屈。同時右
前臂外旋，使劍下落；劍柄
於腹前時，右前臂內旋，右
手劍豎直，劍尖朝下與左劍
指同時隨轉身向左右畫弧分
開，收於腰兩側，右手心朝
左上。目視前下方。

（2）右腳向前上成弓步。同時右手劍向前下迅速刺出，右臂伸直，劍柄同腹高，手心朝左；左劍指附於右前臂內側，手心朝下。目視劍尖方向。

（1）右腳蹬地後撤，前腳掌著地，右膝微屈，重心移向左腿並屈蹲。同時右手坐腕，使劍尖向上豎起上崩，回收於身體右前方，右臂微屈，劍柄同胯高，手心朝左前方；左劍指向左上伸展於身體左前方，臂微屈，指尖同肩高，手心朝外。目視右前方。

【要點】兩手收於腰間與右腳回收要協調一致。右弓步前下刺劍要迅速發力。

【要點】右腳蹬地回收與劍回收上崩要協調一致，馬步推劍時要坐腕，緊握劍

（2）右腳抬起，左腳蹬地，右腳向右搶進半步，左腳掌擦地跟進成馬步。同時右手劍向右立劍平推於身體右側，力注劍身後部外刃，右臂微屈，劍柄同腰高，手心朝前；左劍指在推劍的同時向左側推出，指尖朝上同頭高，手心朝外。目視右前方。

- - - - - - - - - - - - - - - - -

柄，猛力推出，使劍身抖動。

（1）上體左轉，重心稍移向左腿。同時右前臂外旋，手心翻向上，使右手劍下落向左畫弧平掃於身體左前方，劍柄同腰高，劍尖朝右前方；左劍指向右向下附於右腕上，手心朝下。目視劍尖方向。

　　(2)重心稍右移再左移；
同時右手鬆握劍柄凸腕內旋，
手心翻向下，使右手劍向右向
上向左向下畫一小弧。接著重
心全部移至右腿，以右腳跟為
軸，左腳抬起，身體右後轉
180度落成馬步。同時右手劍
隨體轉向右平抹橫於腹前，劍
尖朝左；左劍指仍附於右腕
部，手心朝下。目視劍尖。

- -

　　【要點】身體左轉右轉與劍左右平抹要協調一致。該動作
的重心左右移動，隨著腰部的左右轉動，帶動右手劍作回折
圓弧運動，動作要輕柔圓活。

身體重心移向右腿，上體右轉成右弓步。同時右前臂內旋，右手上提使劍向右向上畫弧，使劍尖下垂，劍身豎直於體前，劍柄同胸高，手心朝右；左劍指仍附於右腕部，手心朝右；目視前下方。

重心全部移至左腿，右腳蹬地抬起，在左腳內側下震踏實，重心全部移至右腿，左腳迅速抬起向左後撤一步成右弓步。同時右手劍向左後向上向前向下點劍，劍尖同腹高，力注劍尖下峰；左劍指向下向左向後向上向右畫弧至頭左上方，臂微屈，手心斜向上。目視劍尖。

- -

【要點】右手上提時，要鬆握劍柄，使劍尖下垂。

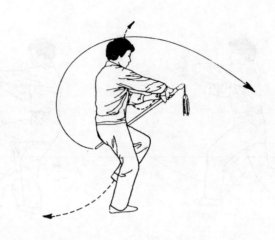

【要點】右腳下震與左腳抬起要同時；左腳後撤落地與點
劍要同時。

（1）身體重心全部移至左腿並屈膝，右腳抬起向左腳後插步，前腳掌著地，右腿屈膝，上體左轉。同時右臂屈肘外旋，使右手劍向上向左畫弧於身體左側，劍柄至左胯旁，手心朝裡，劍尖朝左；左劍指附於右前臂上，手心朝下，目視劍尖方向。

（2）以兩腳掌為軸，身體向右後轉180度成馬步。同時右手劍向下向右向上畫弧經面前向右下立劍劈出，右臂與劍要平直，同肩高，劍尖朝右，力注劍前身下刃；左劍指向下向左向上畫弧至頭左上方，手心斜向上。目視劍尖方向。

- -

【要點】轉身劈劍運轉過程中，劍的路線必須是一立圓；要以身帶劍，動作要圓活協調。

　　兩腿伸起，右腳尖外擺，身體右轉，重心全部移至右腿，左腳向右併攏成併步自然站立。同時右手鬆握劍，以腕關節為軸，使右手劍內旋，向左向後向上經頭前上方再外旋向右向前畫弧，雲劍平托於體前，同胸高，手心朝上，劍身平直，劍尖朝前；左劍指向後向左向下向右畫弧外旋，手心翻向上附於右腕下。目視劍尖方向。

【要 點】雲劍平斬與併步要協調一致。

（1）兩腿微蹲，身體微右轉左轉再右轉，右腳向右跨一步成右弓步。同時兩手捧劍向下向右向上向左向下再向右畫弧於體前，劍柄於右腰側，劍尖朝前下方；左劍指附於右前臂上，手心朝下。目視劍尖。

- -

【要點】上體左右微轉，帶動右手劍在體前做圓弧運動，幅度不要過大，動作要柔活。左（右）腳上成虛步與劈劍要同是一致。

（2）重心全部移至左
腿，上體左轉，左腳向左前
方（東北）上步，腳尖點
地，兩腿微屈成左虛步。同
時右手劍繼續向右向後向上
向前下劈出，劍柄同胸高，
臂微屈，手心朝左，劍身平
直，劍尖朝前；左劍指向下
向左向上畫弧至頭左前上
方，手心斜向上。目視劍尖
方向。

（3）上體微左轉右轉再
左轉，左腳向左後邁半步，
重心移於左腿又移於右腿。
同時右手劍向下向左向上向
右畫弧內旋向下再向左畫弧
掛劍於體前，劍柄同胸高，
手心朝外，劍尖斜朝下；左
劍指附於右前臂內側，手心
斜朝下。目視劍尖。

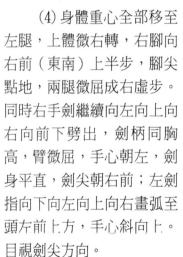

（4）身體重心全部移至左腿，上體微右轉，右腳向右前（東南）上半步，腳尖點地，兩腿微屈成右虛步。同時右手劍繼續向左向上向右向前下劈出，劍柄同胸高，臂微屈，手心朝左，劍身平直，劍尖朝右前；左劍指向下向左向上向右畫弧至頭左前上方，手心斜向上。目視劍尖方向。

（1）右腳外擺落實，重心移向右腿，左腳跟外碾，上體右轉。同時右臂屈肘內旋，手心翻向外，使劍橫架於頭右前方，劍尖朝左；左劍指下落附於右前臂內側，手心朝外。目視左方。

(2) 重心移至右腿，左
腳向左上一步，上體右轉。
同時右手劍向上向右向下畫
弧於身體右側，手心朝前，
劍尖朝右下方；左劍指仍附
於右前臂，手心朝下，目視
劍尖方向。

(3) 身體微左轉。同時
左劍指向下向左向上畫弧於
身體左前方，同腰高，手心
朝外；右前臂內旋手腕內
扣，使劍向下向左畫弧掛
劍。目視左劍指方向。

【要點】劍的完整運行路線，是在身體右前側畫一立圓，
動作要連貫圓活。動作定勢時，上體右轉與右後刺劍要協調
一致，並且撐腰，短促發力，力達劍尖。

上圖的正面觀

　　(4) 重心移至左腿並屈
膝，右腳向左前上一步，全
腳掌虛著地面，同時右手劍
繼續向左向前向上畫弧，劍
尖同胸高時翹腕屈肘。這時
上體微右轉，使劍向右後刺
出，劍柄於右肩前，劍身平
直，劍尖朝右後方，左劍指
在胸前與右前臂相合，附於
右腕部，手心朝外。目視劍
尖方向。

27. 疾風偃草（歇步下截）

(1)上體左轉、右腳後撤一大步成左弓步。同時右手劍向上向前下劈出，劍柄同胸高，劍尖稍高於劍柄；左劍指仍附於右腕，手心朝下。目視劍尖。

(2)重心移至右腿，左腳向後插一步，兩腿屈膝全蹲，上體右轉成歇步。同時右手劍經體前向右向下向後畫弧截劍，劍柄同跨高，手心朝下，劍身要平，劍尖朝右；左劍指向左上展開，手心朝前。目視劍尖。

【要點】右腳後撤與劍前劈要協同一致。左腳後撤成歇步與截劍要協調一致。此動作要輕柔、敏捷、眼隨劍視。

(1) 兩腿伸起，重心移至左腿，右腳撤於左腳內側，腳跟抬起，前腳掌著地，兩腿屈膝半蹲。同時右臂屈肘內旋再外旋，使右手劍向左向後向上經頭前上方，再向右向前向下向左畫弧斜劈，劍柄於左胯前，手心朝上，劍尖朝左下方；左劍指收於胸前，與右臂相合附於右前臂上，手心朝下，目視劍尖方向。

(2) 右腳向右跨一步，上體右轉成右弓步。同時右手劍向前向右上畫弧斜削，右臂微屈，劍柄同肩高，手心斜向上，劍尖朝右上方；左劍指向下向左畫弧於左腰側，臂微屈，手心斜向下。目視劍尖。

【要點】右腳回收與右手劍左斜下劈要協同一致。弓步斜削時，上體不要過於傾斜。

（1）重心移至右腿，左
腳收於右腳內側，腳尖點
地，上體右轉。同時右臂屈
肘內旋，手心翻向外，使劍
向右後回帶，劍柄於頦右
前、劍身平直，劍尖朝左
前；左手握右手腕，手心朝
裡。目視劍尖。

　　(2)左手鬆握右手腕，手
心朝上；然後左腳右腳交替向
左前（西南）方連續上步，左
腳上兩步，右腳上一步，上體
慢慢左轉成左弓步；同時右臂
慢慢外旋，右手劍經體前向下
向左上畫弧屈臂托起，劍柄至
頦左前，兩手心均朝內，劍身
平直，力注劍身上刃，劍尖朝
右。目視劍尖方向。

【要點】連續上步時要屈膝輕快。成弓步時右腳蹬地展
胯，短促發力，力達劍身上刃。右手劍在畫弧上托過程中，
劍身要始終平直，身械要協調。

　　上體右轉，右腳左腳交
替向右前方（西北），連續
上步，右腳上兩步，左腳上
一步成右弓步；同時右臂內
旋，右手劍經體前向下向右
向上畫弧屈臂托起，劍柄至
頦右前方，右手心朝外，劍
身平直，力注劍身上刃，劍
尖朝左，右手心朝裡。目視
劍尖方向。

- -

【要點】同左托千斤。

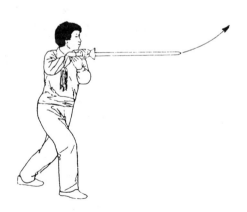

　　(1)右手劍向右前上方直臂伸出，手心朝左，左劍指附於右前臂內側；隨之重心移至左腿並屈膝，右腿微屈。同時右手劍向下向左向後帶劍，劍柄於腹前，手心朝外，劍尖朝右前並稍高於劍柄；左劍指仍附於右前臂上，手心朝下。目視劍尖方向。此為落花左式。

【要點】右手鬆握劍柄。左右落花式動作要連貫、輕柔、圓活。

　　(2)上體繼續左轉，右
臂屈肘內旋翻腕，手心朝外
上提，使劍向下向左後向上
畫弧於左肩側；接著右腳向
後撤一步，重心移至右腿並
屈膝半蹲，上體右轉，左腿
自然伸直。同時右手劍繼續
向上向右前向下向右後畫弧
帶劍，劍柄至腹前，手心朝
裡，劍尖朝左前並稍高於劍
柄；左劍指仍附於右前臂
上，手心朝下。目視劍尖方
向。此為落花右式。

上體微左轉，左劍指向
下向左前向上畫弧指出，手
心朝下；隨之右腳向左腳併
攏，上體再左轉，身體自然
直立。同時右前臂內旋再外
旋向前伸臂，使右手劍向上
向右向下向左畫弧，向前刺
出，劍柄同胸高，手心朝
上，劍尖朝右前（西）；左
劍指再收於左腰側，手心朝
上。目視劍尖方向。

33. 交劍擺蓮（轉身擺蓮）

　　（1）兩腿微屈，重心移向左腿，上體微左轉；同時右臂屈肘外旋，右手鬆握劍柄，使劍尖微下垂，接著右腳向右上步外擺，上體右轉。同時右前臂內旋，手心翻向下，使劍向上向左向下畫弧橫於身體左前方，同腰高，劍尖朝左；左劍指附於右前臂上，手心朝下。目視劍尖。

【要點】併步與刺劍要協調一致，併步直立時要斂臀、收腹，身體正直。

陳式三十六式太極劍 〜〜〜〜〜〜〜〜 ⟨279⟩

（2）左腳向右腳尖前上
步內扣；同時左手內旋，手
心翻向外，握護手盤接劍。
接著右腳向前向上向右後勾
腳尖擺起；同時右手向上向
右向下向左前在右胸前迎擊
右腳腳面外側。然後右腳後
落，重心在左腿，右手變劍
指，左手持劍同時前上舉。
目視右劍指。

【要點】右腳外擺、左腳內扣與右腳外擺要協調連貫。手
腳擊拍要響亮。年老或韌帶不好者可屈膝擺腿。

34.坐身勒馬（馬步撐劍）

（1）重心移向右腿，上體右轉。同時兩手向下向右畫弧收於右腰側，左手持劍，手心朝下，劍尖朝左；右劍指在左手右側。手心朝上。目視右劍指。

（2）兩腿屈蹲，上體左轉成半馬步，同時右劍指附於左腕內側，兩臂同時屈臂外撐，將左手劍推出，橫於左胸前，劍尖朝左後，兩手心均朝外。目視前方。

【要點】動作定式時，要含胸拔背，兩臂圓撐，下頦微收，頭有頂意，氣沉丹田。

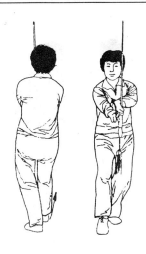

（1）重心移向右腿，上體微右轉。同時右劍指向上向右畫弧於頭右前上方，手心朝外；左手劍向下向左畫弧，劍柄於左胯旁，手心朝後。目視右劍指。

（2）重心移至左腿，上體微左轉。右腳向前上步，腳尖點地成右虛步。同時右劍指繼續向右向下向前畫弧於腹前，手心朝前上方；左手劍繼續向左向上向右向下畫弧屈肘內旋，在腹前與右手相合於右前臂內側，手心朝左，劍身在體前豎直，劍尖朝上。目視前方。

【要點】此式兩手運轉的路線，是在體前分別向不同方向畫兩個立圓，並在體前相合，動作要連貫、圓活。兩手相合與右腳上成虛步要協調一致。

　　（1）重心全部移至左
腿，右腿屈膝上提；同時右
臂屈肘，劍指上托，手心朝
上。接著右腳在左腳內側落
地下踏，兩腿微屈，兩腳相
距同肩寬；同時右劍指內
旋，手心朝下與左手劍同時
按落。目視前下方。

【要點】右腳落地下踏時，左腿應先屈膝鬆胯，重心不要
移至右腿；震腳後重心再移至兩腳之間。

　　◉右腳也可慢慢下落，不作震腳動作。

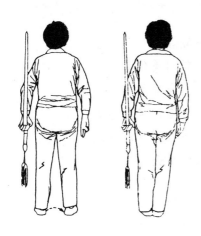

　　(2) 兩腿慢慢伸起；同
時右劍指變掌，兩手緩緩下
落於身體兩側，兩臂自然下
垂。接著左腳向右腳併攏，
身體自然直立。目視前方。

附：陳式太極拳練拳歌訣

練拳歌訣

世傳陳式太極功，體用兼備妙無窮；
折疊纏繞內外旋，開合提抽回轉靈；
斂神用意隨手視，進退轉換提擦輕；
剛柔快慢蓄發勁，內氣潛轉趣意濃。

陳式簡化太極拳打手歌

起勢捋化千鈞撞，寶杵三擊數金剛；
攬紮衣勢獻肘手，亮翅採挒展兩膀；
斜行拗步挒掌靠，提收塌胸膝頂襠；
前蹚穿肘掌撲面，掩手肱捶擊胸膛；
雙手刁攦進步推，肘底掏心捶難防；
倒退捲肱擊面部，退步壓肘把人傷；
野馬分鬃穿臂靠，獨立穿喉膝頂襠；
封閉兩手搧其腹，單鞭拿腕抽面龐；
雲手左右採挒肘，高探馬式撲面掌；
擦腳踢襠又封面，側身一根端當仰；
披身肘頂拳撩腹，背折靠打肩膀抗；
青龍出水彈撩襠，白猿獻果打鼻梁；
雙震踏足托擊胸，穿梭戳喉速趕上；
獸頭折臂護心捶，雀地龍勢挑襠扛；
上步七星架臂踢，跨虎防腿閉中央；
轉身擺腿橫擊肋，當頭一炮震腹腔；
收勢意斂合太極，久練揣摩藝高強。

我們熱切企待
《陳式太極拳、劍——三十六式》
的出版

中國科學院武術協會　何蔚琅

太極拳源遠流長，輾轉相傳，流派多種，內容風格各具特點。陳式太極拳以螺旋、抽絲式的勁路為核心，由內向外的圓弧運動連綿轉換，動作纏繞折疊，鬆活彈抖，蓄發互變，剛柔相濟，快慢相間，套路的外型動作比較複雜，勁路轉換難點多，不易掌握。使得教者難教，學者難學，不少人習練多年也難以入其門庭。

北京西郊的中關村是中國科學院、北京大學、清華大學的集中地，聚集著我國的高級學術和科技人才。中國科學院武術協會在這裡開展太極拳運動已有二十多年，群眾練太極拳蔚然成風，長盛不衰。二十多年來參加太極拳鍛鍊的人數累計達 20,000 人。在群眾性太極拳活動蓬勃發展之中，喜歡習練陳式太極拳的也越來越多。但由於陳式太極拳難度大，特別是缺乏合適的教材，阻礙了它的廣泛開展。自 1982 年田秀臣、闞桂香編著的《陳式簡化太極拳》一書出版，為陳式拳的習練、教學和推廣提供了一本好教材。該書在傳統拳架技術套路的基礎上，根據由簡到繁、由易到難的原則，融會了「陳式太極拳大架第一路」的套路技術精華，編排了陳式拳代表性的動作和套路，內容精要，深入淺出。特別是中科院武協又得到闞桂香教授的直接傳授，使中關村地區的陳式拳的習練進入一個新的階段。

1984 年闞桂香教授又出版了《陳式簡化太極拳入門》，進一步為學習陳式太極拳的人提供了入門之路，解決了陳式拳的教與學的難點，成為學習和掌握陳式拳的範本和指南。全書將整個套路的教學分為三個階段，由淺入深，由簡到繁。特別是提煉出的第一階段中的五功八法，創立了太極拳教學之先河。由基本功的訓練，可提高該技術的基礎訓練、端正基本姿勢、提高專項素質、達到內外兼練的根本目的。通過基本方法的練習可逐步掌握該拳動作技術要領。基本動作是從套路中提煉出來的最有風格特點的動作，經由反覆練習可不斷提高技術水平，從而為深入系統地學習掌握套路動作打下基礎。

　　1986 年，闞桂香教授又編著出版了《陳式太極劍》一書，在該書中除整理介紹陳式太極劍的傳統套路外，還創編了陳式太極劍的簡化套路，即三十六式陳式太極劍簡化套路。這一簡化套路保持著傳統套路的風格特點，具有結構嚴謹，圓活渾厚，動作不重複，易記易學的特點。由於融匯貫通了陳式太極拳的功法原理，套路動作具有變化多端、造型古樸優美和獨具風格的鬆活彈抖、蓄發互變等動作特點，顯得勇武剛健，行雲流暢，具有新鮮感和吸引力，深受廣大愛好者喜愛。

　　中國科學院武術協會的教練們利用太極拳輔導站的形式，十幾年來堅持不懈地進行太極拳教學和輔導活動。為了滿足業餘愛好者們的要求和普及陳式簡化太極拳、劍，專門組成了陳式太極拳教學組，按照兩本教材的指導，按部就班、循序漸進地進行了系統的教學工作。除從教學實踐活動中培養出一批合格的業餘等級教練員外，還先後舉辦過 50

多個普及和提高班，參加學員達 3000 人次，學員們普遍反映這樣的教學效果好。經過幾年的努力還培養出一批優秀的業餘太極拳運動員，例如桑麗、梁涵淵、曲志遠、王曉光、苗青、劉竹玲等，在國際太極拳交流比賽以及國內、市內的比賽中獲優良成績。最可喜的是，這樣紮紮實實的訓練，中科院武協群眾性太極拳的整體技術水平有了顯著提高。

在 1989、1991、1993、1995 年歷屆北京體育大學舉辦的國際武術太極拳交流比賽中，中科院代表隊均獲個人、集體項目、集體表演項目的優勝獎。特別是 1995 年中科院武協在一個多月短期集訓，組隊參加了第四屆國際太極拳交流比賽會開幕式的陳式簡化太極拳百人集體表演，由於採用了《陳式簡化太極拳入門》的教學法，雖然 100 人中有半數是初學者，僅用了一個多用（每天晨練一小時）的時間，不僅學會了套路，還圓滿完成了在音樂配合下整齊劃一、抑揚頓挫、剛柔相濟、風格獨特的百人集體演練，獲得全場國內外來賓和教練們的讚揚。此一集體表演節目還參加了 1995 年舉行的第二屆國際太極修練大會開幕式中的「太極之舟」表演，被譽為中國的「哲拳」，獲得與會中外來賓熱烈歡迎，並被中央電視台全場轉播。

1995 年國家頒布《全民健身計畫綱要》，在全國掀起的全民健身高潮中，歷史悠久的太極拳運動必將顯現獨特的作用。欣聞闞桂香教授編著的《陳式太極拳、劍——三十六式》即將出版，我們預祝這本優秀教材在群眾性太極拳演練的普及、推廣和提高中，發揮它的重要作用。

附：我們熱切企待《陳式太極拳、劍　二十六式》的出版

淺談陳式簡化太極拳的健身作用

山東省老年體協　張梅

　　陳式簡化太極拳是在陳式太極拳第一路基礎上簡化創編的。它保留了陳式太極拳的全部精華，減少了一些重複的、運動特點不明顯的動作，突出了主要技術特點，適當增加了對稱動作，整個套路三十六個動作、三十三個拳式的編排，由簡到繁，易學易記，適合中、老年人習練，便於普及。

　　近幾年來，我個人在掌握陳式簡化太極拳套路的基礎上常練不懈，頗有長進。為把該拳普及到群眾中去，使更多人受益，除在做好本職工作（中國人民解放軍七四二二工廠工會幹部）外，親自培養了二百多名教練員，他們分布在山東各地區教拳，現有學員共計三千多人。他們透過陳式簡化太極拳的習練，都嘗到了「甜頭」——身體狀況和精神面貌普遍得到了改善，許許多多久治不癒疾病，經過堅持練拳都收到不藥而癒的效果，不少「廢人」成了「壯漢」。

　　陳式簡化太極拳之所以能夠收到如此明顯的強身健體、防病治病的效果絕非偶然。經由近幾年的教學實踐，我們體會到：陳式簡化太極拳符合《易經》的陰陽學說和我國傳統醫學中的經絡學說。它不僅有剛有柔，有開有合，有虛有實，有快有慢，而且講求剛中有柔，柔中有剛，開中有合，合中寓開。在拳架上保持了陰陽平衡：有上有下，逢上必下，前發後塌，逢左必右，逢右必左，有內有外，內外兼修；在身法上要求對拉拔長，強調對稱勁，勁要八面支撐，

保持平衡。在整個套路的編排上，捲式動作都是有捲有放，有升有沉，加之螺旋形式，波浪式前進，如同江河滾滾，波浪起伏，滔滔不絕。這種人體各部位對立統一的運動，使人體各部位均能得到平衡發展。

「腰為主宰，以身帶臂」是陳式簡化太極拳的技術特點之一。腰是上體和下肢轉動的關鍵，對全身動作的變化，重心穩定的調整，以及推動勁力達到肢體末端，都起著主要作用。做上肢動作時，力要起於腰，行於肩，通過手臂達到手；做下肢動作時，腰要催於胯，行於膝，達於腳。這種腰為主宰、節節貫穿的運動，可以增強關節，阻止關節發生退化現象。

根據人體生理學規律，關節經常活動有助於保全關節面上軟骨組織的正常結構，對於增強關節機能有著重要作用。另外，人身外部的主要關節，在腰脊的主宰下，先後貫穿、靈活地運動，還能有機地引起內臟產生「按摩」作用。

陳式簡化太極拳要求呼吸與動作配合自然，練拳時用腹式呼吸，要求深、細、勻、緩。這種氣沉丹田的呼吸運動，加上運動過程全身機體進行鬆緊、張弛的有規律的運動，能使整體的血液循環，甚至微循環因動脈的適當程度的舒張而得到改善。對保持肺組織的彈性、胸廓活動度、肺的通氣功能及氧與二氧化碳的代謝功能，都有很好的影響。

經常打拳，胸部呼吸肌和膈肌變得有力，肺組織的彈性增加，肋軟骨骨化率降低。好多實例證明，這種深長勻細的呼吸和腹肌、膈肌活動，既能增加通氣功能，又能通過腹壓的有節律的改變，使血流加速，增進肺泡的活動功能，有助於保持中、老年人的活動能力。

陳式簡化太極拳的運動體系，動作呈弧形，圓活連貫，內氣發於丹田；以腰為軸，輕輕旋轉使腰部（兩腎）左右轉換，旋腰轉脊，纏繞旋轉，帶動肢體，上行為旋腕轉膀，下行為旋踝轉膝，達於四梢，復歸丹田。這樣的運動促使氣血循環周身，維持和加固人體的生理機能，增強抵抗力。功夫越深，抵抗力越強，即功夫大成者所謂「寒暑不侵」，實是一項強身健體的好運動。

實踐是檢驗真理的唯一標準。陳式簡化太極拳的原理及其健身作用，不僅被各種科學手段提供的數據所證明，而且為廣大的群眾性練拳活動的實踐所肯定，受到越來越多的人們的歡迎。讓我們以現有的認識為起點，不斷去實踐——認識——再實踐——再認識，隨著群眾性陳式簡化太極拳活動的發展而不斷發揚光大。

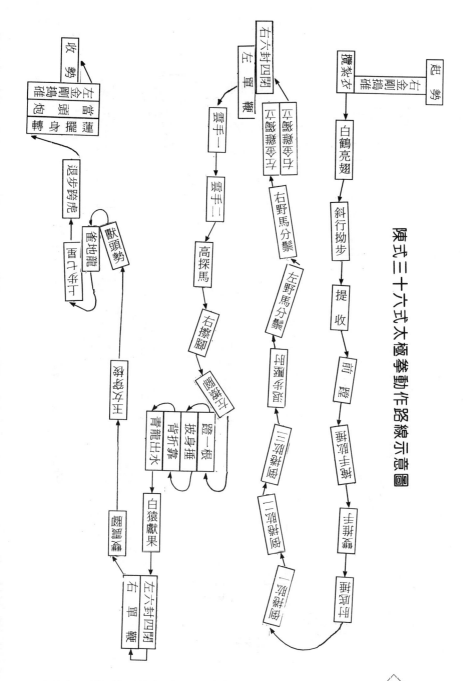

陳式三十六式太極拳動作路線示意圖

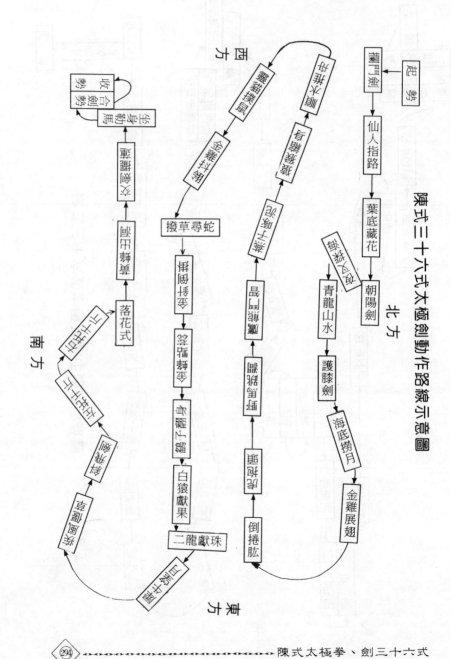

陳式三十六式太極劍動作路線示意圖

起勢

攔門劍

仙人指路

葉底藏花

朝陽劍

閃通臂

青龍山水

護膝劍

海底撈月

金雞展翅

倒捲肱

斬蛇劍

劈腿劍

鳳凰展翅

海底撈月

撥草尋蛇

白猿獻果

二龍獻珠

靈貓撲鼠

金雞抖翎

收合劍勢

西 方

北 方

南 方

東 方

大展出版社有限公司
品冠文化出版社

圖書目錄

地址：台北市北投區（石牌）　　電話：(02)28236031
　　　致遠一路二段 12 巷 1 號　　　　　28236033
郵撥：0166955～1　　　　　　傳真：(02)28272069

·生活廣場· 品冠編號 61

1.	366 天誕生星	李芳黛譯	280 元
2.	366 天誕生花與誕生石	李芳黛譯	280 元
3.	科學命相	淺野八郎著	220 元
4.	已知的他界科學	陳蒼杰譯	220 元
5.	開拓未來的他界科學	陳蒼杰譯	220 元
6.	世紀末變態心理犯罪檔案	沈永嘉譯	240 元
7.	366 天開運年鑑	林廷宇編著	230 元
8.	色彩學與你	野村順一著	230 元
9.	科學手相	淺野八郎著	230 元
10.	你也能成為戀愛高手	柯富陽編著	220 元
11.	血型與十二星座	許淑瑛編著	230 元
12.	動物測驗—人性現形	淺野八郎著	200 元
13.	愛情、幸福完全自測	淺野八郎著	200 元
14.	輕鬆攻佔女性	趙奕世編著	230 元
15.	解讀命運密碼	郭宗德著	200 元

·女醫師系列· 品冠編號 62

1.	子宮內膜症	國府田清子著	200 元
2.	子宮肌瘤	黑島淳子著	200 元
3.	上班女性的壓力症候群	池下育子著	200 元
4.	漏尿、尿失禁	中田真木著	200 元
5.	高齡生產	大鷹美子著	200 元
6.	子宮癌	上坊敏子著	200 元
7.	避孕	早乙女智子著	200 元
8.	不孕症	中村春根著	200 元
9.	生理痛與生理不順	堀口雅子著	200 元
10.	更年期	野末悅子著	200 元

·傳統民俗療法· 品冠編號 63

1.	神奇刀療法	潘文雄著	200 元

2. 神奇拍打療法　　　　　　　　　安在峰著　200 元
3. 神奇拔罐療法　　　　　　　　　安在峰著　200 元
4. 神奇艾灸療法　　　　　　　　　安在峰著　200 元
5. 神奇貼敷療法　　　　　　　　　安在峰著　200 元
6. 神奇薰洗療法　　　　　　　　　安在峰著　200 元
7. 神奇耳穴療法　　　　　　　　　安在峰著　200 元
8. 神奇指針療法　　　　　　　　　安在峰著　200 元
9. 神奇藥酒療法　　　　　　　　　安在峰著　200 元
10.神奇藥茶療法　　　　　　　　　安在峰著　200 元

・彩色圖解保健・品冠編號 64

1. 瘦身　　　　　　　　　　　　　主婦之友社　300 元
2. 腰痛　　　　　　　　　　　　　主婦之友社　300 元
3. 肩膀痠痛　　　　　　　　　　　主婦之友社　300 元
4. 腰、膝、腳的疼痛　　　　　　　主婦之友社　300 元
5. 壓力、精神疲勞　　　　　　　　主婦之友社　300 元
6. 眼睛疲勞、視力減退　　　　　　主婦之友社　300 元

・心 想 事 成・品冠編號 65

1. 魔法愛情點心　　　　　　　　　結城莫拉著　120 元
2. 可愛手工飾品　　　　　　　　　結城莫拉著　120 元
3. 可愛打扮&髮型　　　　　　　　結城莫拉著　120 元
4. 撲克牌算命　　　　　　　　　　結城莫拉著　120 元

・法律專欄連載・大展編號 58

台大法學院　　　法律學系／策劃
　　　　　　　　法律服務社／編著

1. 別讓您的權利睡著了(1)　　　　　　　　　　200 元
2. 別讓您的權利睡著了(2)　　　　　　　　　　200 元

・武 術 特 輯・大展編號 10

1. 陳式太極拳入門　　　　　　　　馮志強編著　180 元
2. 武式太極拳　　　　　　　　　　郝少如編著　200 元
3. 練功十八法入門　　　　　　　　蕭京凌編著　120 元
4. 教門長拳　　　　　　　　　　　蕭京凌編著　150 元
5. 跆拳道　　　　　　　　　　　　蕭京凌編譯　180 元
6. 正傳合氣道　　　　　　　　　　程曉鈴譯　200 元
7. 圖解雙節棍　　　　　　　　　　陳銘遠著　150 元
8. 格鬥空手道　　　　　　　　　　鄭旭旭編著　200 元

・原地太極拳系列・大展編號 11

・名師出高徒・大展編號 111

3. 劍術刀術入門與精進	楊柏龍等著	元
4. 棍術、槍術入門與精進	邱丕相編著	元
5. 南拳入門與精進	朱瑞琪編著	元
6. 散手入門與精進	張 山等著	元
7. 太極拳入門與精進	李德印編著	元
8. 太極推手入門與精進	田金龍編著	元

・道 學 文 化・大展編號 12

1. 道在養生：道教長壽術	郝 勤等著	250元
2. 龍虎丹道：道教內丹術	郝 勤著	300元
3. 天上人間：道教神仙譜系	黃德海著	250元
4. 步罡踏斗：道教祭禮儀典	張澤洪著	250元
5. 道醫窺秘：道教醫學康復術	王慶餘等著	250元
6. 勸善成仙：道教生命倫理	李 剛著	250元
7. 洞天福地：道教宮觀勝境	沙銘壽著	250元
8. 青詞碧簫：道教文學藝術	楊光文等著	250元
9. 沈博絕麗：道教格言精粹	朱耕發等著	250元

・易 學 智 慧・大展編號 122

1. 易學與管理	余敦康主編	250元
2. 易學與養生	劉長林等著	300元
3. 易學與美學	劉綱紀等著	300元
4. 易學與科技	董光壁 著	元
5. 易學與建築	韓增祿 著	元
6. 易學源流	鄭萬耕 著	元
7. 易學的思維	傅雲龍等著	元
8. 周易與易圖	李 申 著	元

・神 算 大 師・大展編號 123

1. 劉伯溫神算兵法	應 涵編著	280元
2. 姜太公神算兵法	應 涵編著	元
3. 鬼谷子神算兵法	應 涵編著	元
4. 諸葛亮神算兵法	應 涵編著	元

・秘傳占卜系列・大展編號 14

1. 手相術	淺野八郎著	180元
2. 人相術	淺野八郎著	180元
3. 西洋占星術	淺野八郎著	180元
4. 中國神奇占卜	淺野八郎著	150元

・青春天地・ 大展編號 17

·健 康 天 地· 大展編號 18

國家圖書館出版品預行編目資料

陳式太極拳、劍三十六式／闞桂香編著；
　　——初版，——臺北市，大展，2001〔民90〕
　　面；21公分，——（武術特輯；39）
　　ISBN 957-468-096-7（平裝）

1. 太極拳
528.972　　　　　　　　　　　　　90013196

安徽科學技術出版社授權中文繁體字版

陳式太極拳、劍三十六式　　ISBN 957-468-096-7

編 著 者／闞　桂　香
責任編輯／徐　浩　瀚
發 行 人／蔡　森　明
出 版 著／大展出版社有限公司
社　　址／台北市北投區（石牌）致遠一路2段12巷1號
電　　話／（02）28236031・28236033・28233123
傳　　眞／（02）28272069
郵政劃撥／01669551
E－mail／dah-jaan＠ms 9.tisnet.net.tw
登 記 證／局版臺業字第2171號
承 印 者／國順文具印刷行
裝　　訂／嶸興裝訂有限公司
排 版 者／弘益電腦排版有限公司
初版1刷／2001年（民90年）10月

定　價／250元

●本書若有破損、缺頁敬請寄回本社更換●